AF391391

LA TRANSFIGURATION

DE L'HOMME

PAR NOTRE-SEIGNEUR JÉSUS-CHRIST

DE SOYE ET BOUCHET, IMPRIMEURS

2, PLACE DU PANTHÉON ET RUE D'ULM, 2 ET 3.

LA TRANSFIGURATION

DE L'HOMME

PAR NOTRE-SEIGNEUR JÉSUS-CHRIST

SERMONS PRÊCHÉS A LA CHAPELLE DES TUILERIES

EN PRÉSENCE DE

LL. MM. L'EMPEREUR ET L'IMPÉRATRICE

L'AN DE GRACE 1861

PAR

M. L'ABBÉ G. DEGUERRY

CURÉ DE LA MADELEINE, CHANOINE DE NOTRE-DAME

PARIS

E. MAILLET, LIBRAIRE-ÉDITEUR

15, RUE TRONCHET (PRÈS LA MADELEINE)

1861

Nous donnons ces Sermons tels qu'ils
ont été prononcés. Si la durée qu'ils devaient avoir nous faisait supprimer quelques développements, c'étaient ceux de
moindre importance. Toutefois, nous les
rétablissons ici:

Dans notre longue carrière de prédication, nous n'avons jamais parlé devant un
auditoire d'une attention et d'un recueil-
lement aussi parfaits.

SUR LES TENTATIONS

SUR LES TENTATIONS

OBSTACLE A LA TRANSFIGURATION DE L'HOMME.

> *Jesus ductus est in desertum a spiritu,*
> *ut tentaretur a diabolo.*
>
> Jésus fut conduit par l'esprit dans le désert, pour y être tenté par le diable.
> (S. MATTH., ch. 4, v. 1.)

SIRE,

La transfiguration de l'homme pour qu'il redevînt l'image de Dieu dans sa vie comme il l'était encore dans ses facultés, bien qu'affaiblies par le péché, voilà le but de l'Incarnation du Verbe éternel et de sa mission sur la terre, où il a voulu passer par les divers états de la condition humaine, les sanctifiant tous ; et nous apprenant, par des faits, non moins

2

que par des discours, de quelle manière nous
aurions à nous y conduire. Ainsi pour le travail ; ainsi pour les persécutions ; ainsi pour
les tentations elles-mêmes ; le divin Sauveur
ayant permis au démon d'entreprendre contre
sa personne sacrée, afin de nous donner sous
ce rapport d'une importance capitale, la leçon et l'exemple tout à la fois, des victoires
qu'il nous faudrait remporter contre l'esprit
de ténèbres.

Cette entreprise du démon, *du prince du
siècle*, comme l'appelle le divin Maître, l'É-
glise la place sous nos yeux dès l'ouverture de
la quarantaine de pénitence ; aussi bien la fin
de la pénitence, de tous ses exercices, de ses
jeûnes, de ses abstinences, de ses saintes réflexions en public et en particulier, est de
faire rejeter par nos âmes les erreurs, les
mensonges et les illusions de toutes sortes,
que leur faiblesse avait acceptés, sous le coup
de tentations plus ou moins violentes.

Obéissant donc à l'esprit de l'Église qui est l'esprit de Dieu, considérons, en elle-même et dans ses conséquences pratiques, la tentation de notre adorable Maître. Voyons premièrement quelle a été la nature de cette tentation, et quelle est la nature de celles qui nous assaillent ; voyons secondement de quelle manière Notre-Seigneur se conduit en face de la tentation, et comment nous devons nous conduire lorsque nous sommes aux prises avec elles ; voyons enfin la conclusion de la tentation de Notre-Seigneur Jésus-Christ, et comment les nôtres doivent finir. Tel est le sujet et le partage de cette première instruction.

Mais il importe que nous embrassions tout de suite, d'un coup d'œil, l'ensemble de notre prédication : sa pensée fondamentale, ainsi que nous l'avons énoncée déjà, est la transfiguration de l'homme par Notre-Seigneur. Pour développer cette pensée, après avoir traité, ce que nous allons faire aujourd'hui, de la tentation qui est l'obstacle à la transfiguration de l'homme, nous en verrons la nature ; le bonheur ; les moyens ; la beauté ; la société où elle s'opère ; ce qu'elle a coûté de souffrances au charitable Rédempteur ; et enfin les exhortations qu'il adresse à ceux qui la possèdent et à ceux qui ne la possèdent pas ; à ceux qui la recouvreront à Pâques que l'on peut appeler son époque, et à ceux qui se refuseront le bonheur de la recouvrer.

Si le ministère évangélique parle avec autorité devant les majestés de la terre, SIRE, c'est qu'il n'est que l'écho du Verbe éternel ; écho d'ailleurs qui s'exhorte lui-même, non moins que les personnes auxquelles il s'adresse. Vous attendez de celui que vous appelez chaque année à l'honneur de vous redire les oracles divins, qu'il soit simplement, exactement, librement fidèle ; aussi bien vos

actes publics attestent hautement, SIRE, que
vous aimez Notre-Seigneur Jésus–Christ, qui
est le prince des rois de la terre, *princeps
regum terræ* (*), et que vous l'aimez dans
l'étendue des sentiments de la foi qu'il
impose, soit comme souveraine vérité, soit
comme souveraine majesté.

PREMIER POINT.

Notre-Seigneur nous déclare, par l'apôtre
saint Jean, qu'il y a dans notre nature trois
convoitises, c'est-à-dire, trois mouvements
contraires à la loi divine que nous devons accomplir. Il les désigne par ces mots : la concupiscence de la chair, la concupiscence des
yeux et l'orgueil de la vie. Assujettis à ces
convoitises, elles fermentent en nous ; nous
devenons ainsi la proie de la tentation et bien

(*) Apoc., c. i, v. 5.

souvent ses victimes. Elle est plus fréquente et plus puissante dans les rangs élevés de la société, y trouvant plus de matière ou d'aliment, plus de facilité ou de correspondance pour ses séductions. L'adorable Sauveur a bien voulu, dans le but de nous instruire, l'accepter sous ce triple rapport où nous sommes exposés à ses assauts. Car, dit Bossuet, le démon en demandant à Notre-Seigneur, qui lui cachait, dans cette circonstance, sa nature divine, de changer des pierres en pains, s'adressait à la convoitise de la chair; en lui disant de se précipiter du haut du Temple, dans un sentiment de présomption, il s'adressait à l'orgueil de la vie; enfin il cherchait à se rendre maître de lui par la cupidité ou la convoitise des yeux, en lui promettant tous les biens d'ici-bas, s'il consentait à l'adorer.

Or, de quelle nature a été cette tentation du divin Sauveur? Pour le comprendre, écou-

tons un enseignement lumineux de saint
Grégoire-le-Grand, sur l'article de la tentation
en général, dans laquelle il remarque trois
points principaux, à savoir : d'abord la pensée du mal, elle est intérieure ou extérieure,
selon qu'elle naît du sujet qui l'éprouve ou
qu'elle lui vient du dehors ; ensuite la délec-
tation, une espèce d'effervescence qui s'empare de l'âme, qui la trouble, qui l'agite,
qui l'embrase ; enfin le consentement donné
ou refusé de la volonté, son adhésion ou sa
résistance au désordre qui la sollicite.

D'après cette doctrine, il est évident que la
tentation du Christ a été purement extérieure.
Sa sainteté, incapable de produire la pensée
du mal, incapable d'en être émue fatalement,
ne pouvait ni le concevoir, ni le vouloir, ni le
faire. En sa qualité de Sauveur, et dans sa
charitable mission de nous éclairer, s'il permet au démon, qui est le mal vivant, d'approcher de sa personne, de lui parler, de

l'engager par de fallacieuses assertions, à sortir de la dépendance due à Dieu et à demander sa destinée comme homme, aux choses créées qui ne la contiennent pas, ces tentatives n'affectent en rien son âme, elles n'y produisent aucune impression déréglée et n'en ternissent d'aucune ombre, la magnifique splendeur.

Tout autre est notre condition et tout autres aussi nos tentations. Du fond de notre nature, s'élèvent des idées, des images de désordres, comme de certaines eaux marécageuses s'exhalent des vapeurs pestilentielles; et le plus ordinairement la pensée d'un acte répréhensible se formule en nous, sans le concours d'aucune suggestion extérieure. Hélas! cette misère morale est la suite de la désobéissance originelle qui nous a blessés; la blessure est une plaie qui travaille à s'accroître et à s'envenimer. D'autre part, les pensées du mal nous sont suscitées, soit par

l'enfer qui ne craignit pas de tenter le Fils de
Dieu lui-même, soit par le monde dont la
conduite étale sous nos yeux, les exemples
de toute espèce de désordres.

Ces pensées, qu'elles viennent de nous ou
qu'elles nous soient suggérées, lorsque nous
les avons, le trouble éclate dans notre intérieur, nous ressentons des impressions vives,
ardentes, profondes, et la convoitise bouil-
lonne dans notre âme comme la lave dans un
volcan. Alors nous courons le danger d'une
certaine obscurité se répandant sur les lumières de notre foi et affaiblissant par là
même, nos volontés de ferme résistance au
mal ; alors des voix, sans que nous voyons
ceux qui les font entendre, nous engagent à
ne pas écouter les réclamations de la conscience, et s'efforcent de les étouffer ; alors
notre âme est comme une frêle barque battue
par la tempête, à travers des récifs où elle peut
se briser à chaque instant. Toutefois, il nous

importe de savoir que la tempête ne peut pas nous être imputée à mal si nous ne l'avons pas excitée nous-mêmes, si nous en souffrons aussi bien que de l'état d'agitation où elle nous jette; car, il n'y a que le consentement donné qui rende coupable. Apprenons de Notre-Seigneur comment il doit être refusé en apprenant de ce charitable Maître la conduite à tenir en face de la tentation; et pour que la leçon à recevoir soit plus forte et nous profite davantage, rendons-nous témoins de la tentation de cet adorable Sauveur, pla—çons-nous dans les lieux où elle se passe et assistons à ses diverses circonstances.

DEUXIÈME POINT.

Le démon se présente dans le désert à notre Maître et lui dit : «Si vous êtes le Fils de Dieu, faites que ces pierres deviennent des pains; le Maître répond : «L'homme ne vit pas seu-

lement de pain, mais de toute parole qui sort
de la bouche de Dieu. » Le démon, au haut du
Temple, dit au Maître : « Si vous êtes le Fils de
Dieu, jetez-vous en bas, car il est écrit qu'il
vous a confié à ses anges, et qu'ils vous porte-
ront dans leurs bras, afin que vous ne vous bri-
siez pas contre la pierre. » Le Maître répond :
« Il est écrit : Vous ne tenterez pas le Seigneur
votre Dieu; » sur la cîme de la montagne,
le démon dit au Maître : « Je vous donnerai
tous les royaumes du monde, si vous tombez
à mes pieds, et si vous m'adorez? » Le Maître
répond : « Retire-toi, Satan; il est écrit : Vous
adorerez le Seigneur votre Dieu, et vous ne
servirez que lui seul. »

Voilà la tentation du charitable Sauveur.
Or de quelle manière s'y conduit-t-il à l'égard
du démon? Comment y repousse-t-il ses
méchantes avances et ses promesses astu-
cieuses? Le voyez-vous raisonner, disputer
avec ce *menteur*, c'est le nom qu'il porte dans

la Sainte-Écriture? En aucune sorte. Que fait-il donc? Il oppose à Satan la parole divine, dont il se sert comme d'une arme avec laquelle il frappe et brise toutes ses perfidies. Si cet esprit de ténèbres ose la citer lui-même, la réponse de Notre-Seigneur, donnant le sens de la citation qu'il lui fait, ôte à l'hypocrite toute envie d'en faire une seconde.

Eh! bien, cette manière du divin Sauveur dans la tentation, doit être la nôtre lorsque nous sommes aux prises avec elle, n'importe son principe, qu'elle surgisse de notre fond de corruption ou de celui de l'un ou de plusieurs de nos semblables. Dans tous les cas, si nous ne voulons pas être emportés par l'orage, il faut nous enchaîner à cette simple parole : « Dieu le défend, Dieu ne le veut pas, » recourant, au besoin, aux passages formels de l'Écriture où la convoitise qui nous attaque est expressément condamnée. Mais, hélas! qui donc connaît assez aujourd'hui l'Écriture-Sainte pour l'avoir de cette sorte, à la disposition de ses nécessités morales et spirituelles! Enfermons-nous du moins dans ce seul mot : « Dieu le défend, » comme dans une citadelle où nous pouvons être assiégés longtemps, mais où nous ne saurions être forcés; qu'il soit notre réponse à toutes les secousses, à toutes les agitations, à tous les emportements produits en nous par la tentation ; qu'il nous protége au milieu des éblouissements et des vertiges de l'imagination, devant les perspectives trompeuses d'émotions, délectables en apparence, pour l'esprit, pour le cœur et pour les sens; qu'il fasse tomber le charme décevant de tous ces vains mirages qui ne sont que des illusions, et qui ne nous apportent que d'odieux mécomptes.

Rappelons-nous le désastre originel ; n'a-t-il pas été causé par l'oubli de cette règle de conduite contre les tentations? Certes, la réponse de nos premiers parents à l'esprit de ténèbres, fut d'abord comme elle devait être, et comme jamais elle n'aurait dû cesser d'être. Ils dirent : « Dieu nous a défendu de faire ce que vous nous conseillez. » Mais le tentateur insistant, et, pour parvenir à ses fins, allant jusqu'à promettre que la pratique du conseil qu'il donnait, rendrait semblable au Très Haut, la faiblesse qu'il sollicitait, au lieu de continuer par la parole : « Dieu le défend, » sa résistance aux criminelles suggestions, se mit à regarder l'objet dont l'usage lui était interdit; elle le trouva beau, bon, d'un aspect délectable. C'en fut assez pour son aveuglement, pour sa chute et pour toutes les perturbations funestes qui en ont été la suite.

A cette expérience de l'humanité dans Adam et Ève, il nous est facile de joindre nos expériences personnelles. Si la tentation a triomphé de nous, pourquoi ce triomphe? Pourquoi? parce que nous n'avons pas maintenu énergiquement, aux obsessions renouve-

lées et persévérantes de la tentation, la réponse que nous lui avions faite au fond de notre
conscience à sa première attaque. « Dieu
le défend! » Pourquoi? parce que nous avons
eu l'aveuglement d'écouter la tentation, de
nous entretenir avec elle, de croire à toutes
ses assurances de nous faire savourer des
joies délicieuses. Pourquoi? parce que nous
avons laissé la tentation nous dire tout à son
aise, qu'elle ne nous proposait rien qui ne fût
dans les nécessités de notre nature et dans
les habitudes de la plupart de nos semblables.
Pourquoi? parce que nous nous sommes mis
à regarder l'acte que la tentation nous disait
d'accomplir, que cet acte, par l'effet des pres-
tiges qu'elle exerçait sur notre faiblesse, nous
a semblé porter en lui de véritables satisfactions, la source certaine du bonheur dont
nous avions ardemment soif, et que si, avec
cet acte, en le faisant, nous ne devenions pas
des dieux, bien que la tentation nous le promît,

du moins nous arriverions à l'achèvement de notre condition d'homme, à la possession de notre destinée et de toutes les jouissances réservées à l'emploi naturel et d'ailleurs ir-résistible de nos facultés. Ainsi s'est consom-mée notre défaite devant la tentation que nous devions vaincre, et que nous aurions vaincue si nous l'avions repoussée avec cette seule parole : « Dieu le défend. » Elle est, au milieu de nos luttes spirituelles et morales, de ces luttes ardentes et si répétées, le casque pour couvrir notre tête, la cuirasse pour pro-téger notre poitrine, et le glaive pour re-pousser les assauts de l'ennemi. Gardons-nous de l'oublier !

TROISIÈME POINT.

Le Sauveur va maintenant nous montrer de quelle manière il faut en finir avec la ten-tation. Après avoir supporté quelques instants

les impostures et les pratiques artificieuses
du démon, il le regarde d'un œil de sévérité,
où se mêle sans doute un sentiment de pitié
de ne pouvoir sauver ce malheureux à jamais
réprouvé ; il le foudroie par cette parole : « Retire-toi, Satan. » L'esprit de ténèbres s'éloigne aussitôt. Alors des Anges apparaissent ; ils
se prosternent devant le divin Maître ; ils
adorent ses grandeurs éternelles et l'étendue
.de sa charité qui, pour instruire l'homme,
veut bien se soumettre aux mauvaises suggestions de l'intelligence autrefois semblable à
eux, mais qui, déchue et tombée, travaille à
entraîner dans sa chute, dans sa perversité et
sa misère, toute la création capable de faillir.

Deux enseignements sont à recueillir ici :
celui des paroles par lesquelles Notre-Seigneur chasse le tentateur, et l'enseignement
de la présence des Anges. « Retire-toi, Satan ; » c'est avec cette parole que notre adorable
Modèle repousse le génie du mal ; eh ! bien,

c'est avec cette même parole que nous devons et que nous pouvons repousser la tentation sous telle forme, pour telle action qu'elle nous aborde, quels que soient son air de sincérité et la magnificence de ses promesses : « Retire-toi, Satan; » mais pour que cette toute-puissante parole produise son effet, il faut qu'elle soit prononcée en union avec le divin Maître, en nous réfugiant par la pensée au pied de la croix, en la tenant embrassée dans les sentiments d'une ardente et ferme confiance. Aussi bien, le mal craint la Croix dressée pour le faire mourir; il n'ose approcher d'elle, lui sachant une vertu qui l'arrête et qui le tue. Une des plus riches et des plus éblouissantes natures qui soient en ce moment sous le ciel, nous affirmait qu'avec le signe de la croix, elle éloignait de terribles tentations, auxquelles certains souvenirs d'un passé fâcheux, quoique de peu de durée, ne l'exposait que trop.

Mais pourquoi Notre-Seigneur veut-il que les Anges accourent auprès de lui lorsqu'il a repoussé le tentateur ? Car il n'y a dans sa vie que cette circonstance, avec celles de sa naissance à Bethléem et de son agonie au jardin des Olives, où les Anges lui offrent visiblement les adorations qu'ils ne cessèrent toutefois de lui adresser depuis le moment de sa mystérieuse Incarnation jusqu'à celui de son Ascension glorieuse. En nous montrant les Anges lui offrant leurs adorations, lorsqu'il a fait fuir le démon, il nous enseigne que la victoire sur la tentation est suivie d'une vive satisfaction pour celui qui la remporte. Il y a fête, il y a joie, il y a concert ravissant dans son âme inondée des clartés des plus beaux jours. De nobles, de délectables pensées l'émeuvent délicieusement, ce sont comme des anges qui célèbrent ses triomphes, son affranchissement de toute servitude et sa liberté bienheureuse. Elle a vaincu le malin :

vicistis Malignum (1); elle est restée pure et sans tache, gloire à elle ! Cette acclamation qui lui vient du ciel lui fait éprouver une ivresse plus grande que celle du plongeur qui rapporte du fond des eaux une pierre précieuse ; plus grande que celle du savant qui saisit la solution d'un problème longtemps inexplicable ; plus grande que celle du capitaine qui défait une armée nombreuse.

Sans aucun doute, vous avez éprouvé plus d'une fois dans votre vie cette ivresse céleste, et bien des fois vous l'avez regrettée, lorsque, cédant à l'action des mauvaises convoitises, vous vous êtes abandonnés à leur entraînement. Sous leur empire, hélas! la nuit s'est faite dans votre âme, une nuit de sombre et douloureuse tristesse ; mille et mille pensées cruelles, semblables à des démons impitoyables, insultaient à votre faiblesse ; persi-

(1) I, S. Jean, c. II, v. 13.

flaient vos déceptions et vos mécomptes ; se raillaient de votre honte ; se moquaient de vos salutaires remords qu'elles s'efforçaient d'étouffer ; riaient de votre volonté de jeter en dehors de vous la partie souillée de vous-mêmes, et de votre impuissance à y réussir.

Mais il se peut que vous soyez arrivés par une suite de faiblesses à ne plus regretter les joies de la vertu et à ne plus ressentir les amertumes du désordre. Dans cet état, vous seriez bien à plaindre. Les mauvaises convoitises, devenues souveraines au-dedans de vous, auraient saccagé votre conscience ; elles y auraient mis en pièces le sens moral ; elles y auraient éteint les lumières de la raison elle-même, exerçant ainsi sur vous la cruauté de ces sauvages qui percent les yeux de leurs prisonniers pour les empêcher de s'enfuir ; vous marcheriez dans de redoutables et épaisses ténèbres qui ne se dissiperaient peut-être qu'à la lumière lugubre et accablante de la Justice éternelle.

Le moyen d'échapper à ces aveuglements et à ces dangers, aussi bien que le moyen d'en sortir, Notre-Seigneur a voulu nous les faire connaître par sa conduite. Avant de permettre au démon de l'aborder, il passe et jeûne quarante jours dans le désert; le désert, c'est réfléchir; le jeûne, c'est se mortifier; voilà les forces contre la tentation, contre ses violences, contre ses triomphes et leurs funestes suites. Tout ce qu'il y a eu de meilleur et de plus digne au sein de la philosophie antique, prêchait à ses adeptes la réflexion et la mortification pour se préserver du mal, détruire en eux son règne et le remplacer par le règne de la sagesse. C'est, en effet, du creuset de pensées graves et religieusement sévères, que l'âme sort résolue énergiquement à ne pas céder aux entraînements déréglés; et c'est par la pratique des diverses abstinences, que conquérant l'habitude de se dominer, elle se rend capable de tenir tête avec succès, à toutes les tentations. Réfléchir, se mortifier! un moment de sérieuse méditation faite chaque jour, avec le refus imposé à la nature de tout ce qui ne lui est pas réellement nécessaire, ce sont là, si vous y joignez la prière et les sacrements, les garanties certaines de la défaite et de l'affaiblissement successif des mauvaises convoitises.

Divin Sauveur, *ne nous laissez pas aller à la tentation* (1); que votre charitable condescendance à nous enseigner, par votre exemple, la manière d'y résister, nous profite! Que ni la concupiscence de la chair, ni la concupiscence des yeux, ni l'orgueil de la vie ne triomphent de nous; que la communication de votre vertu contre le démon nous les fasse vaincre! *Ne nous laissez pas aller à la tenta-*

____

(1) S. Math., c. VI, v, 13.

tion. Il est des âmes ici présentes qui n'ont jamais été leurs victimes, en des choses graves du moins ; la pensée seule du mal leur cause l'émotion de la plante qui tremble et se ferme au moindre contact ; conservez-leur ces salutaires appréhensions, et que de nouveaux actes de vertu ajoutent à l'éclat de l'auréole dont elles sont couronnées à vos yeux. *Ne nous laissez pas aller à la tentation!* Donnez, Seigneur, à ceux d'entre nous qu'elle subjugue trop souvent, malgré les vives réclamations de leurs consciences, de si grands mécomptes et de si grandes douleurs par les remords, qu'ils ne veuillent plus vivre libres et esclaves tour à tour, quittant le joug du déréglement et le reprenant ; qu'avec le secours de votre grâce, et par un noble effort, ils le rejettent tout-à-fait et se fixent dans votre loi sainte, source unique de la paix véritable. *Ne nous laissez pas aller à la tentation!* S'il en est parmi nous qu'elle ait en-

chaînés sous son empire de telle sorte que,
ne croyant même plus à la nécessité d'y résister, ils se laissent aller à tous ses courants,
sans crainte et sans reproche pour les actes
les plus répréhensibles qu'ils trouvent légitimes, ou du moins excusables, et avec lesquels ils s'enfoncent de plus en plus dans la
dépravation, non-seulement irréfléchie, mais
raisonnée, ah ! éclairez ces pauvres aveugles,
qu'ils se voient eux-mêmes tels qu'ils sont à vos
yeux, la face *couverte d'ignominie* (1), qu'ils
recouvrent le sentiment de ce qui est pur et
honnête, qu'ils rougissent de s'en être écar-
tés, que leur étrange sécurité, au milieu des
plus continuelles faiblesses, se fende et se
brise comme, à l'heure de votre mort, le rocher du Calvaire ; qu'ils remontent vers vous
en invoquant votre nom, et qu'ils entrent en
lutte ardente contre leur nature et leurs ha-

(1) Ps. 82, v. 17.

bitudes, pour redevenir des chrétiens, et même des hommes! Voilà ce que nous vous demandons les uns pour les autres, et ce que tous, nous espérons de votre infinie miséri-corde.   Amen.

NATURE DE LA TRANSFIGURATION

NATURE DE LA TRANSFIGURATION

DE L'HOMME

PAR N.-S. JÉSUS-CHRIST.

Ipsum audite.
Écoutez-le.
(S. MATH., ch. 17, v. 5.)

SIRE,

La tentation, qui est la pensée du mal et l'excitation à le commettre, nous vient de nos convoitises, de celles de nos semblables et de la malice du démon, qui tourne sans cesse autour de nous comme un lion cherchant à nous dévorer. C'est le langage de l'apôtre saint Pierre : *Quærens quem devoret* (1).

(1) I, S. Pierre, c, v, v. 8.

Or, quand la tentation triomphe, nous tombons sous le joug de ces convoitises, de l'orgueil, de la cupidité, du sensualisme. Au contraire, si nous résistons victorieusement à la tentation, le règne de l'humilité, de l'esprit de pauvreté et de la pureté, s'établit en nos âmes qu'il transfigure.

C'est pour cette transfiguration que notre Sauveur reçoit sur le Thabor la consécration solennelle de son droit d'enseigner; droit qui emporte pour nous le devoir de l'écouter, de croire sa doctrine, de pratiquer sa morale, de suivre ses exemples, de ne pas devenir les esclaves des convoitises perverses, mais les serviteurs libres des vertus qui leur sont opposées. *Ipsum audite!*

Eh! bien, sommes-nous transfigurés? avons-nous écouté, écoutons-nous toujours le Fils de Dieu dans ses enseignements et ses prescriptions? Suivons-nous fidèlement sa trace lumineuse? Grande question et de sou-

veraine gravité ! Pour la résoudre, mettons
en regard les bonnes et les mauvaises habitudes, l'ordre et le désordre ; l'orgueil et
l'humilité ; la cupidité et l'esprit de pauvreté ;
le sensualisme et la pureté. Tel est le dessein
de cette instruction, qui appellera la conscience de chacun de nous à prononcer sur lui-
même s'il est transfiguré ou s'il ne l'est pas.

PREMIER POINT.

C'est d'abord l'orgueil et l'humilité que
nous devons mettre en regard l'un de l'autre.
L'orgueil s'aime d'une manière déréglée ; il
aime ce qu'il est, ce qu'il fait, ce qu'il possède ; ce qu'il est, ses qualités de l'esprit et
du corps ; ce qu'il fait, ses actions et ses œuvres ; ce qu'il possède, son nom, sa fortune,
son savoir ; tout cela, d'ailleurs, prenant à ses
yeux des proportions démesurées, son habitude étant de se regarder dans les miroirs qui

grossissent les objets; mais à cause de tout
cela dont il se prévaut, l'orgueil affecte des
airs de grandeur, il affiche des prétentions
hautaines, et il s'enfle tellement d'ostentation
que si la bouffissure morale prenait dans
l'espace autant de place que la bouffissure
matérielle, il ne pourrait'passer nulle part;
de même qu'il est tellement rempli de sa personnalité que, s'il pouvait se reproduire, on
ne rencontrerait que lui. Il a faim de la
louange et il ne cesse de la mendier; jamais
il ne la trouve ni assez abondante, ni assez
nourrissante. Mais il ne peut l'entendre du
prochain; toute supériorité le blesse, l'offense, l'irrite. Il n'est pas de manœuvres
ouvertes ou cachées qu'il n'emploie pour la
rabaisser, pour lui ôter son vêtement de gloire
et le remplacer par des haillons au moyen de
l'injustice, de la médisance et, s'il le faut, de
la calomnie. La tombe elle-même n'est pas
sacrée pour lui, il y cherchera sans crainte et

sans remords, de scandaleuses satisfactions. Sa parole est brève, sèche, dure avec les inférieurs ; au contraire, elle est souple, pleine de basse adulation à l'égard des supérieurs ; ce n'est point sa faute si l'ivresse d'eux-mêmes qu'il leur verse à pleine coupe, ne les aveugle pas ; ce qu'il leur donne de trop, il le fait payer cher à ceux qui sont dans sa dépendance. Généralement, il n'ouvre la bouche que pour réciter avec jactance ses mérites faux ou de beaucoup augmentés. Dans des entreprises où plusieurs activités ont été mises en jeu, c'est la sienne qui a tout fait; privées d'elle, le succès aurait échappé. La carrière qu'il a embrassée, l'armée, l'église, la magistrature, l'administration, la science, l'industrie, avait un besoin indispensable de lui ; sans sa présence, quoiqu'ait dit Bossuet, la pièce n'aurait pas été aussi bien jouée, ni les rôles aussi bien remplis.

Vous jugez parfaitement qu'il ne fait entrer

pour rien la Providence dans sa vie, ou qu'il ne l'y fait entrer que pour bien peu. Ce n'est pas à Dieu qu'il rapporte les avantages qu'il possède ; ce n'est pas de lui qu'il attend les nécessités de sa condition. Moi d'abord, moi encore, moi toujours, voilà le résumé de tout ce qu'il pense, de tout ce qu'il chérit, de tout ce qu'il veut.

A la place de ces folies, contemplons la grande sagesse et la haute raison de l'humilité, cette fleur qui exhale ses parfums sans qu'elle s'en doute ; cet astre qui répand ses clartés à son insu et sans jamais éblouir. Comme elle est simple, réservée, modeste jusqu'à la timidité ! Comme elle ignore sa valeur et toutes ses qualités, si visibles à tout le monde ! Comme elle détourne, sans affectation toutefois, les éloges qu'on lui adresse, sur sa naissance. sur son autorité, sur sa science, sur sa fortune ; sur sa fortune, qu'elle estime un bien d'un ordre et d'un prix secondaires ; sur sa science, qu'elle trouve très-petite en comparaison de ce qu'elle ignore ; sur son autorité, qu'elle juge un autel où elle doit s'immoler ; sur sa naissance, qu'elle déclare un fait auquel elle est étrangère, n'ayant participé d'aucune sorte, à son acquisition.

Quelle n'est pas la retenue de l'humilité pour tout ce qui la concerne personnellement ! quel silence sur ses travaux, sur ses opérations, sur ses succès ! quelle sévérité pour elle-même, et quelle indulgence pour le prochain ! avec quel soin elle cache ses torts et révèle ses mérites ! Quelle douceur dans les tons de sa voix ! Quelle politesse affable dans ses manières ! Quelle bienveillance désintéressée dans toutes ses relations ! Avec quel charme elle bannit la crainte, inspire la confiance et attire à elle ! Comme elle est pure dans ses intentions, comme elle ne se propose dans tout ce qu'elle fait que l'accomplissement du devoir, sans s'inquiéter de ce qui lui en reviendra de blâme ou d'estime. Comme elle se tient attachée à Dieu pour le remercier, pour le bénir, pour l'implorer, pour s'unir à son action puissante et bonne, qui gouverne toutes choses avec une autorité souveraine, qui donne à chacun des hommes son caractère et sa condition, qui dispense les secours nécessaires pour tout travail qu'elle impose, qui élève et qui abaisse, qui appauvrit et qui enrichit, qui fait vivre et qui fait mourir !

Il n'est pas que vous n'ayez entendu reprocher à l'humilité de paralyser la valeur de l'homme, de le mettre dans l'impuissance de rien oser, de rien entreprendre, de rien faire de grand, en lui imposant le sentiment de son incapacité personnelle. Quelle erreur ! l'humilité, loin de paralyser la valeur de l'homme, l'augmente en une mesure que l'on peut dire incalculable, puisqu'elle l'augmente par l'adjonction de celle de Dieu. Comment cela ? le voici : L'humilité ne se regarde pas

réduite à ses seuls moyens ; si elle avoue que
de son propre fond elle est faible, elle avoue
en même temps qu'elle est forte par Dieu ;
si elle confesse qu'appuyée sur elle-même
elle ne peut rien, elle confesse, d'autre part,
qu'appuyée sur le bras de Dieu elle peut
tout : « Je puis tout en celui qui me fortifie,
dit l'apôtre saint Paul, *Omnia possum in eo qui
me confortat* (1). » Quels sont les éléments du
succès d'une entreprise, n'importe sa nature ?
la confiance et des ressources suffisantes. Or,
peut-il donc y avoir une confiance et des ressources égales à celles que l'on puise en Dieu ?
L'humilité possède ce que demandait autrefois la philosophie pour soulever le monde,
un levier et un point d'appui : son levier,
c'est la confiance en Dieu ; son point d'appui,
c'est Dieu même. Opposons maintenant l'une
à l'autre la cupidité et l'esprit de pauvreté.

(1) S. Paul, *aux Philipp.* c. IV, v. 13.

SECOND POINT.

Par sa désobéissance originelle, l'homme a beaucoup perdu ; de grands abîmes de besoins se sont ouverts dans son sein ; il les a creusés encore, élargis, rendus immenses par des nécessités factices, effets inévitables de l'orgueil et du sensualisme. Pour combler ces abîmes, l'homme a fait appel aux biens sensibles ; il en a ressenti les appétits violents. *Auri sacra fames.* Sous le coup de ces appétits, il est arrivé bientôt à placer l'argent au-dessus de l'illustration de la naissance, au-dessus de l'éclat du savoir, au-dessus de la gloire du génie, au-dessus de l'élévation des dignités, au-dessus des splendeurs de la vertu, au-dessus de l'existence même.

Alors l'homme s'est appliqué, de toute l'énergie de ses efforts et de toute la puissance de son activité, à conquérir la fortune.

Dans le but de l'atteindre, toutes les voies honnêtes ou malhonnêtes lui ont été bonnes, les plus courtes lui ont paru les meilleures. Alors les affaires diverses n'ont plus été qu'une combinaison de supercherie, où le plus audacieux et le plus habile a bien vite et facilement raison, de la délicatesse et de la probité. Alors le travail ordinaire a été délaissé pour la frénésie des spéculations de toute espèce, sur des promesses de bénéfices énormes, présentées comme des appâts à la crédule simplicité des ressources amassées péniblement, qui s'y laissent prendre et viennent en aveugles, se faire dépouiller entièrement. Alors les noms, les titres, les influences sont mis en jeu pour obtenir des priviléges exceptionnels, dont on tire, par la transmission qu'on en fait, d'incroyables profits; et si le marché se trouve suspendu par des conditions trop visiblement onéreuses, on sait, au moyen d'interventions prépotentes,

en amener la réalisation, si inique qu'elle
soit. Alors éclate le scandale de grandes richesses, de vastes possessions territoriales acquises en un instant, comme si, depuis longtemps amassées sous terre, elles en étaient
sorties par enchantement. Alors tout s'estime
au poids de l'or; la sainte institution du mariage est rabaissée à des calculs d'intérêt matériel ; et s'il se présente une occasion des
plus magnifiques, d'assouvir la passion de
ces calculs, arrivent aussitôt des foules de
compétiteurs, dont chacun s'évertue, s'ingé-
nie à se faire préférer, au milieu de cette ardeur et de cette lutte d'incessances avidités.
Alors le sens moral est perverti ; la probité,
c'est le succès.

Les consciences qui ne comprennent pas
des maximes semblables et qui se révol-
tent aux propositions qui leur sont faites
de les appliquer par des pratiques de même
nature, avec la certitude de beaux bénéfices

à recueillir, sont taxées de folie, jugées bien étrangères à leur époque, et condamnées, disent les habiles, à traîner leur vie dans les privations et l'obscurité de la médiocre aisance. Alors on voit apparaître, revendiquant l'existence au soleil sous la protection de la loi, le système de propriété dite sociale : il étonne, il effraie, il indigne ; toutefois, il ne se montre, il ne parle, il ne demande son titre légal que parce que, depuis longtemps, enveloppé de voiles qui n'étaient pas sans transparence, il se livrait très-avantageusement à ses manœuvres de dérober le bien d'autrui. Alors la déconsidération s'attache aux fortunes les plus honorables, les plus légitimement acquises, soit par les ancêtres, soit par soi-même ; elles tombent sous l'anathême d'être l'effet d'une spoliation ancienne ou nouvelle ; vous entendez les théoriciens de l'école puritaine proclamer la nécessité de la réparation de ces iniquités et déclarer le vol général comme moyen unique de rétablir l'ordre, la justice et le bien-être au sein de la société.

Heureux les pauvres d'esprit! s'écrie le divin Sauveur, à l'encontre de ces sordides empressements et de ces criminelles opérations de la cupidité. Heureux les pauvres d'esprit! Prenons-y bien garde! le Maître ne condamne pas la richesse, loin de là; c'est l'esprit de pauvreté qu'il enseigne et qu'il impose; cet esprit dont l'indigent est souvent non moins dépourvu et même plus dépourvu que le riche. Heureux les pauvres d'esprit! Appliquons-nous à connaître la nature de cet esprit, ses sentiments et ses actes. L'esprit de pauvreté ne demande pas sa destinée aux biens matériels, il l'attend de Dieu seul; aussi les recherche-t-il avec modération; il les possède sans attachement déréglé; il en use sans avarice comme sans prodigalité; il veille soigneusement à leur conservation, il travaille à les accroître ; mais, dans ce travail, il n'emploie que des moyens irréprochables ; il se ferait horreur à lui-même d'un gain malhonnête, obtenu au détriment du prochain. Une circonstance désastreuse les lui enlève-t-elle totalement ou en partie ? il ne se laisse pas accabler sous le coup de cette perte.

L'esprit de pauvreté se montre libre et indépendant au milieu des magnificences dont il jouit ; magnificences de demeures, de vêtements, d'équipages, magnificences de toutes sortes ; il y paraît si dégagé de tout asservissement, que la sérénité de son âme ne serait altérée par leur privation, qu'autant qu'il devrait se l'imputer à lui-même. L'esprit de pauvreté s'intéresse à la douloureuse position du dénuement, il l'assiste ; jamais il ne repousse les demandes qui lui sont adressées en sa faveur, jamais il ne les trouve, jamais il ne les dit trop multipliées, et s'il n'a ni le temps ni le loisir de rechercher la misère en ses réduits, il est heureux, quand on la découvre, de lui prodiguer des secours dans la mesure du besoin qu'elle en a et des ressources qu'il possède.

Avons-nous jamais compris suffisamment combien l'esprit de pauvreté est nécessaire à la société? Combien il importe à son ordre et à sa sécurité? Quoi qu'on fasse, la société sera toujours composée d'hommes qui posséderont les biens matériels ou qui en seront privés, à des degrés différents. Ne faut-il pas, pour le repos des uns et des autres, que l'accord règne entre eux? Et pour cet accord, ne faut-il pas que les riches possèdent comme ne possédant pas, c'est-à-dire, ne faut-il pas qu'ils soient raisonnablement détachés de leurs biens? Or, c'est là tout l'esprit de pauvreté. Faites-le disparaître; que les riches se montrent fiers, ostentueux et impitoyables à l'égard du dénuement; aussitôt les deshérités de la fortune sont saisis par la jalousie; la

haine et la vengeance fermentent dans leurs
cœurs ; ils espèrent, ils attendent, ils prépa-
rent l'occasion où, nouveaux Samsons, se-
couant les colonnes de la salle du festin de
l'orgueilleuse abondance des riches, ils les
écraseront avec eux, sous des ruines san-
glantes.

Saint François d'Assise rendait en son
temps au monde les plus précieux services,
lorsque, après avoir distribué ses richesses
considérables aux indigents, il épousait pas-
sionnément la pauvreté, offrant de ville en
ville, dans sa personne et dans celles de ses
disciples, l'amour du détachement volon-
taire ; l'adorable Sauveur lui avait appris,
par ses leçons et par ses exemples, cette doctrine et cette conduite. En choisissant pour
sa condition ici-bas, le travail et le dénuement,
le Verbe incarné voulut sans doute subir les
suites de la faute primitive ; mais il voulut
aussi par là consoler ceux qui portent le far-

deau de la privation des biens de la fortune ; proscrire les déloyautés, les injustices, tous les excès de la cupidité, et amener les hommes, pour leur commun bonheur, à se respecter, à s'aimer et à s'aider réciproquement. Le sensualisme est la troisième convoitise qui fait perdre à l'âme de l'homme sa glorieuse transfiguration. Elle lui est rendue par la vertu de pureté. Analysons et cette convoitise et cette vertu.

TROISIÈME POINT.

Dieu a voulu que le genre humain se perpétuât par lui-même. Dans ce dessein, il appela l'homme et la femme à la participation de sa puissance qui possède la vie et qui la communique comme il lui plaît. Si Adam et Ève étaient restés innocents, l'exécution de l'ordre providentiel, n'aurait pas excité plus de convoitise en eux et ne leur aurait pas causé plus de trouble que lorsqu'on tend la main pour saisir un objet ; c'est saint Augustin qui parle. Au moment où ils perdirent cette bienheureuse condition et où ils se reconnurent sous le joug de la condition opposée, ils furent honteux et ne tardèrent pas sans doute à gémir de ces gémissements que, quatre mille ans plus tard, l'apôtre saint Paul exprimait en ces termes : « Qui me délivrera de ce corps de mort ! » Ils ressentirent en eux-mêmes la lutte de l'esprit et de la chair, c'est ce Docteur des nations qui parle ; lutte terrible, continuelle, où ce n'est pas l'esprit qui triomphe le plus ordinairement. En effet, quelle n'est pas la puissance d'action du sensualisme, et, par suite, quelle n'est pas la force et l'étendue de son empire ? Il deviendrait sans limites, s'il n'était pas combattu victorieusement, par la vertu de la croix.

Le sensualisme tient enchaînés à ses pieds et sous sa main tyrannique, les divers âges

et les divers états. Il s'est constitué maître
souverain en tous lieux et en toutes choses ;
il règne dans les arts, la plupart de leurs
œuvres sont pour sa manifestation ; il règne
dans la littérature, il y étale sans retenue
ses audaces, ses entreprises même et ses faiblesses ; il règne dans les brillantes réunions
du soir où il oblige de se montrer paré et non
vêtu ; il règne dans les théâtres, où il s'abandonne ouvertement aux récits et aux actes de
ses intrigues effrontées ; il règne dans les conversations : il en est peu pour la jeunesse,
peu pour l'âge mûr, peu pour la vieillesse elle-
même, dont il ne soit pas le sujet habituel,
l'intérêt principal, où il n'expose pas des idées
licencieuses, où il ne raconte pas des anec-
dotes honteuses. Vous savez qu'il est hardi
dans ses regards, dans ses propos, dans toutes
ses manières ; qu'il s'est emparé de certains
hommes et les a faits ses malheureux esclaves, au point que leurs pensées, leurs dé-

sirs, leurs occupations, leur existence entière
lui appartiennent; et qu'on peut leur appliquer le mot aussi surprenant qu'énergique
du prophète Jérémie : « Ils hennissent la vo-
lupté : *Unusquisque ad uxorem proximi sui
hinniebat* (1). »

Faut-il maintenant vous montrer le sensualisme, dissipant des héritages avant même
qu'ils soient recueillis, dévorant le fruit du
travail de plusieurs générations, rendant la
famille impossible à s'établir d'une manière
durable, la faisant dédaigner d'ailleurs, et si
tant est qu'elle parvienne à se constituer, la
rendant insupportable et étcignant en elle l'af-
fection réciproque qui est toute sa vie? Faut-il
vous montrer le sensualisme ruinant de nombreuses existences et les jetant entre les bras
de la mort bien avant l'heure où elle devait
les recevoir? Faut-il vous montrer le sensua—

(1) Jérémie, c. v, v. 8.

lisme engendrant la fainéantise, la mollesse,
la dissipation, le luxe immodéré et ces hi·
deuses prodigalités à cause desquelles il y a
sujet de dire aujourd'hui, autant que jamais :
« Bonne renommée vaut mieux que ceinture
dorée, » mieux qu'opulentes parures, mieux
qu'équipages brillants? Enfin, faut-il vous
montrer le sensualisme, ayant comme au
temps du paganisme, et à quelques époques
scandaleuses de notre histoire, le pouvoir de
créer des célébrités de désordre, d'illustrer
l'impudeur et de lui donner une place dans
l'attention publique?

Paraissez maintenant sainte Pureté, paraissez avec la fraîcheur de vos traits, la sérénité de votre front, la simplicité de vos
manières et l'élévation de vos sentiments.
Paraissez, vous dont la mémoire n'est ternie
par aucun souvenir et dont l'imagination est
comme un miroir sans tache et sans souillure.
Paraissez, vous qui rendez la beauté plus

belle et qui embellissez la laideur, vous qui êtes l'éclat de la jeunesse, la dignité de l'âge mûr et la majesté de la vieillesse. Paraissez, vous qui ne connaissez ni la perte du temps, ni la frivolité des parures, ni la légèreté des amusements, ni la licence des plaisirs, vous qui vous sentiriez dégradée par des lectures sans règle, des conversations sans retenue, par les intempérances du sommeil, par les recherches de la table, par les excès de tous les services du corps. Paraissez, vous qui engendrez les familles saines, et qui formez les générations puissantes et robustes; vous qui sauvegardez les caractères d'époux, d'épouse, de père, de mère, de fils et de fille, ces caractères, force et gloire, bonheur et vie de la société; vous qui participez aux fêtes de votre condition mais qui vous y prêtez sans vous y livrer; vous qui subissez le moins possible la tyrannie de la mode et de la mise, et qui êtes toujours couverte de la modestie comme d'un voile céleste ; vous qui n'exhalez que le parfum des bonnes actions, qui êtes environnée d'une atmosphère de sainteté où sont arrêtées et meurent les pensées coupables qui osent vous regarder : en s'approchant de vous, au lieu de rencontrer un démon comme elles y comptent, à leur confusion et à votre gloire, c'est en face d'un ange qu'elles se trouvent.

O mon Dieu, les uns et les autres, nous avons ici-bas notre condition, nous la tenons des ordonnances de votre sagesse et de votre bonté. Parmi ces conditions, il en est qui dominent les autres, et qui sont à des degrés différents des cîmes ou des thabors. Ici, devant votre autel, il y en a, et des plus élevés, thabor de la souveraineté, thabor des grandes charges, thabor de l'illustration, thabor de la fortune, thabor de la gloire, thabor de la science, thabor des splendeurs de l'esprit et du corps. Ah ! Seigneur, que sur ces thabors apparaisse en ceux que vous y avez élevés, la transfiguration de l'âme ; que leur vie rayonne de lumière par la sincérité de leur foi ; que leur conduite éclate de blancheur par la régularité de leurs mœurs, et qu'ils reçoivent au fond de leur conscience, votre auguste témoignage, « C'est là mon Fils bien aimé, écoutez-le, » Écoutez leur vie, leur conduite, ce qu'ils disent, ce qu'ils font ; que leur exemple qui est un Verbe puissant par la place que vous leur avez assignée au milieu des choses du temps, aille loin, bien loin ; qu'il retentisse comme une grande voix ; qu'il contribue à la transfiguration de tant d'hommes qui ne l'ont plus et qui ne l'ont peut-être jamais eue ; qu'il protége contre sa perte ceux qui la possèdent et que par là nous méritions tous le thabor du ciel où notre transfiguration sera complète dans votre vue, dans votre amour et dans votre éternelle béatitude. Amen.

BONHEUR DE LA TRANSFIGURATION

BONHEUR DE L'HOMME

PAR SA TRANSFIGURATION

EN N.-S. JÉSUS-CHRIST.

Quin imo beati qui audiunt verbum Dei et custodiunt illud.

Plus heureux ceux qui écoutent la parole de Dieu et qui la mettent en pratique.

(S. Luc, ch. 11, v. 28.)

SIRE,

Lorsque nous cédons à la tentation et que nous tombons sous le joug des convoitises mauvaises, ce n'est pas dans la pensée directe et formelle d'offenser la majesté de Dieu, loin de là ; mais séduits par les apparences, nous espérons recevoir des satisfactions de l'orgueil, de la cupidité et du sensualisme, le bonheur. dont le besoin naturel et légitime nous tourmente sans cesse, fait le sujet de toutes nos pensées, de toutes nos affections, de toutes nos entreprises, et entretient l'action dans notre vie, comme le sang entretient la vie dans notre corps. Les hommes, d'ordinaire si divisés d'opinions, n'en ont qu'une sur ce point, et il ne s'en rencontre pas un seul qui ne dise : Je veux être heureux, je l'espère et j'y travaille.

Or, notre divin Sauveur déclare que le bonheur se trouve dans la pratique de ses enseignements. Il répond à une femme tout émue de sa doctrine, et qui s'écrie : « Heureuses les entrailles qui vous ont porté, heureux le sein qui vous a nourri ; » « Bien plus heureux celui qui écoute la parole de Dieu et qui la met en pratique ; » si grande et si glorieuse que vous apparaisse ma mère, sa grandeur et sa gloire, c'est d'avoir entendu la parole de Dieu et de l'avoir pratiquée.

Pourquoi ne sommes-nous pas tous persuadés de cette déclaration répétée souvent par le divin Maître et qu'il fait solennellement dès son premier discours sur la montagne des bénédictions? L'audition respectueuse et la pratique fidèle de la parole de Dieu constituent la transfiguration de l'homme, c'est pour cela qu'il est heureux quand il la possède. Voilà ce que nous devons examiner aujourd'hui; non, certes, pour justifier les déclarations de notre adorable Maître, mais pour nous en rendre compte. C'est par sa transfiguration que l'homme est heureux, autant qu'il peut l'être ici-bas: les éléments du bonheur de l'homme et ses expériences en sont la preuve, tel est le sujet et le partage de cette instruction.

PREMIER POINT.

L'homme s'est perpétuellement occupé de la question de son bonheur, il ne pouvait y en avoir de plus capitale pour lui, toutes les autres y sont rattachées comme les rayons du cercle au centre d'où ils partent. Or, pour la résoudre, l'homme a mis en avant des systèmes divers, faisant résulter son bonheur tantôt de ses facultés intellectuelles, tantôt de ses facultés corporelles, tantôt du mélange des unes et des autres. En un mot, l'homme tour à tour a demandé à son esprit, il a demandé à ses sens et quelquefois il a demandé en même temps à son esprit et à ses sens, de le rendre heureux.

Notre-Seigneur a donné par une parole à ses apôtres la formule précise, simple et lumineuse, du bonheur de l'homme : *Quod debuimus facere, fecimus* (1); ce que nous devions faire, nous l'avons fait; ou en d'autres termes, le bonheur, d'après le divin Maître, c'est le devoir accompli : *Quod debuimus fa-*

____

(1) S. Luc, c. XVII, v. 10.

cere, fecimus. Sans aucun doute, tous nos auditeurs applaudissent à cet énoncé de la source du bonheur, et personne ici n'oserait le contredire; aussi bien il faudrait pour cela nier ou du moins contester l'existence et la nécessité du devoir. Or, qui l'oserait?

En effet, l'homme possède des facultés diverses. De l'emploi qu'il en fait, résultent pour lui des situations bonnes ou fâcheuses; et comme il ne vit pas dans la solitude, qu'il existe deux sociétés dont il fait partie, la famille et la nation, et qu'en vivant au milieu d'elles, il se trouve en rapports continuels avec ses semblables, il importe à ceux-ci que l'usage qu'il fera de ses facultés ne leur nuise pas, mais au contraire leur profite et contribue à leur propre félicité. Les devoirs de l'homme sont généraux et particuliers; les devoirs généraux concernent toutes les conditions, les devoirs particuliers regardent chacune d'elles. Il y a les devoirs des diffé-

rents âges, des différents sexes, des différents
états ; les devoirs des princes et des sujets,
des chefs et des subalternes, des maîtres et
des serviteurs, des époux et des épouses, des
parents et des enfants, des riches et des pauvres, des heureux et des infortunés. Par la
pratique de ces obligations respectives et
mutuelles, l'accord s'établit entre les hommes,
et par cet accord, leurs intérêts personnels et
communs se trouvent garantis. Ces hommes,
plus ou moins nombreux, sont comme des
sphères qui ont leurs orbites où elles se
meuvent, c'est-à-dire les lois qu'elles suivent,
et quand chaque sphère observe la législation
qui la concerne, l'harmonie existe entre
toutes comme elle existe dans le firmament
matériel, et la région de la terre, non moins
que la région du ciel raconte la gloire de
Dieu : *Cœli enarrant gloriam Dei* (1).

____

(1) *Ps.* XVIII, v. 1.

Tel est le devoir, telle est son existence, telle est sa nécessité. Mais pourquoi son accomplissement est-il la cause du bonheur de l'homme? Rappelons ici quelques propositions générales. Premièrement, chaque créature a sa destinée; secondement, c'est en atteignant sa destinee et dans la mesure où elle l'atteint que chaque créature est heureuse; troisièmement, les forces de toute créature pour atteindre sa destinée, ce sont ses facultés; quatrièmement, les règles qui fixent l'emploi des facultés d'une créature sont les voies qu'elle doit tenir pour aller à sa destinée et pour l'atteindre. Or, ces voies pour l'homme, comme pour toute créature, c'est la volonté de Dieu, volonté dans laquelle résident leurs obligations. Alors évidemment l'homme ne peut être heureux qu'en marchant par les voies que Dieu lui a tracées, qu'en employant comme Dieu le prescrit, ses puissances de penser, d'aimer et d'agir, son esprit, son cœur, son corps, tous les biens qu'il peut avoir. Donc, son bonheur dépend de sa fidélité à ses devoirs, et il le possédera quand il sera en droit de dire : *Quod debuimus facere, fecimus*; j'ai fait ce que je devais faire.

Pénétrons davantage encore dans le fait du bonheur de l'homme par l'accomplissement de ses devoirs et voyons quelle est la nature de ce bonheur. Saint Augustin l'appelle tranquillité, définissant le bonheur de l'homme, la tranquillité de l'ordre. L'ordre et le devoir accompli expriment la même idée, aussi bien l'ordre résulte de la loi fidèlement observée, et le devoir ne peut être accompli que par l'observation de la loi ; mais si le bonheur du devoir accompli consiste dans la tranquillité, en quoi consiste elle-même cette tranquillité ? Avant de le dire, il importe de faire remarquer qu'il y a sujet de s'étonner lorsque tout le monde réclame, pour le repos de la

famille, de la cité, de la nation, le règne de
l'ordre, sans lequel, en effet, la confusion,
l'anarchie, la mort et la ruine sont inévitables,
que l'ordre dans l'individu ne soit pas réclamé
pour son repos avec le même sentiment de
nécessité absolue ; comme si l'individu n'était
pas à lui seul une famille, une cité, une nation en petit, et que ce qui fait le fond de leur
bonheur, ne faisait pas également le fond du
sien.

Or, l'état de tranquillité est l'état de
l'homme vraiment heureux ? Pourquoi ?
Parce que le bonheur pour l'homme réside
essentiellement dans la possession et la jouissance de lui-même par un souverain empire
exercé sur ses facultés, sur ses impressions, de
manière qu'il les domine toutes et qu'il soit,
au milieu d'elles, comme un roi qui commande au milieu de ses sujets, et qui est
obéi. Dans ces conditions l'homme est heureux, autant qu'il peut l'être, quelque chose

qui lui arrive ; les événements divers dont
sa vie se compose, se suivent et se succèdent
comme des flots mobiles et changeants sou-
levés par des vents contraires tantôt propices,
tantôt mauvais; son navire, c'est-à-dire son
âme, en reçoit d'amoureuses caresses ou des
secousses violentes, mais elle reste toujours
maîtresse d'elle-même, et au moment des
plus grandes tempêtes, le sentiment de ses
devoirs accomplis, comme un lest précieux,
la préserve d'être renversée et engloutie au
sein du désespoir.

Ce que nous venons de dire, les anges le
chantent à la naissance du Messie, entendez :
« Gloire à Dieu ! » voilà pour le devoir accompli; « Paix aux hommes ! » voilà pour le bonheur de l'homme et pour la nature de ce bonheur qui est paix et tranquillité. Notre divin
Sauveur le fait annoncer au monde avec les
mêmes paroles : « Paix à cette demeure, paix à
ceux qui y habitent. » Toutes les fois qu'il pa-

raît au milieu de ses apôtres, il les salue en leur
disant : « La paix soit avec vous ; » et quand il
les quitte pour remonter au ciel, il leur laisse
sa paix, sa tranquillité, son bonheur, avec
l'exemple du devoir accompli : « Mon Père,
dit-il, j'ai achevé l'œuvre dont vous m'aviez
chargé ; j'ai rempli ma tâche ; j'ai fait ce que
je devais faire. *Opus consummavi quod dedisti
mihi ; quod debuimus facere, fecimus* (1). »

C'est assez sur ce point dont personne d'ailleurs, nous l'avons dit, n'oserait contester la
certitude à savoir que l'homme a des devoirs
à remplir et que c'est en les remplissant qu'il
se rend heureux. Voyons maintenant qu'il
le devient par sa transfiguration chrétienne
qui est l'accomplissement de tous ses devoirs.
En quoi consiste-t-elle ? dans l'émancipation
des mauvaises convoitises et dans l'attachement effectif aux vertus qui leur sont con-

(1) S. Jean, c. XVII, v. 14.

traires. Cela posé, descendons aux détails.
N'est-ce pas un devoir pour l'homme de fuir
l'orgueil, la cupidité et le sensualisme, de
pratiquer l'humilité, le détachement raisonnable et la pureté? N'est-ce pas un devoir
pour l'homme d'être religieux, de louer, de
bénir Dieu, de l'adorer dans son sanctuaire,
de rapporter à sa Providence les événements
publics et particuliers dont aucun n'arrive
sans qu'elle ne le veuille, ou qu'elle ne le
permette? N'est-ce pas un devoir d'être simple
au milieu des grandeurs, modeste dans la
prospérité, courageux dans l'adversité, de ne
se prévaloir ni de ce que l'on est, si grand
que cela paraisse ; ni de ce que l'on a, si riche
que ce soit ; ni de ce que l'on fait, si beau
que ce puisse être?

N'est-ce pas un devoir de respecter, en
soi-même et dans le prochain, la dignité
de la créature intelligente, l'image de Dieu,
et ainsi de ne mépriser aucune classe, au-

cune condition, de proclamer en toutes
manières qu'au milieu des inégalités sociales, il y a une gloire qui est offerte à
tous, et que tous peuvent conquérir, la gloire
de la vertu? N'est-ce pas un devoir de la
placer au-dessus de toutes les autres, de la
proclamer seule souverainement nécessaire,
la société ayant plus besoin des bonnes actions qui sont sa vie, que des actions brillantes qui font son ornement? N'est-ce pas
un devoir de traiter en toute rencontre notre
semblable comme nous voulons qu'il nous
traite; et quand il réclame notre assistance, de
nous demander, de lui accorder ce que nous
attendrions de lui si nous étions à sa place et
s'il était à la nôtre? N'est-ce pas un devoir de
ne lui enlever aucun de ses biens, moins encore les cœurs qui lui appartiennent, que les
trésors qu'il possède?

N'est-ce pas un devoir de répudier la
morale qui loue le succès, n'importe les

moyens, au lieu de louer les moyens, n'importe le succès, qui dit sur les mêmes
choses, sur les mêmes questions, sur les
mêmes faits oui et non, tour à tour, qui
change de masque et de discours selon les
circonstances, et qui pratique en grand plus
ou moins, le blasphème, que Dieu a donné la
parole à l'homme pour tromper son semblable ? N'est-ce pas un devoir à mesure qu'on
s'élève aux yeux du pays, de paraître digne,
sans reproches, et de l'être en réalité, plus
encore qu'on ne le paraît, se rappelant que si
l'on dit des fonctions publiques qu'elles sont
un sacerdoce, parce qu'elles forment un ministère dans les desseins de Dieu qui veut la
société et tout ce qui lui est nécessaire, il faut
que la moralité de la vie croisse avec les degrés que l'on monte de l'échelle de l'autorité ?
N'est-ce pas un devoir d'estimer la considération des honnêtes gens, de se la proposer,
avec le témoignage de la conscience, comme

les premiers motifs de satisfaire à toutes les
obligations de la carrière où l'on est, de ne
se permettre, si facilement qu'on le puisse,
aucune manœuvre déloyale et injuste pour
s'enrichir, de ne jamais trafiquer dans ce but
de l'emploi qu'on exerce, de ne mettre à prix
rien de ce qui le concerne, ayant soin de ne
pas oublier que l'honneur vendu, ne se re-
couvre jamais, même par la restitution vo-
lontaire ou forcée des sommes perçues?

N'est-ce pas un devoir de s'abstenir de
paroles équivoques, de propos à ententes
perverses, d'entretiens licencieux, de regards
pleins de vices, de la possession d'objets ouvertement hostiles aux règles de la décence,
et offensant ouvertement l'esprit comme la
lettre de l'Évangile? N'est-ce pas un devoir
de vénérer la famille, qui est la source des
bonnes mœurs, de la former avec des idées
nobles, des sentiments élevés, de la conserver dans la fidélité aux lois divines qui la

constituent et que l'on ne peut violer sans que sa vie ne soit compromise ? N'est-ce pas un devoir de se préserver de ces scandaleuses immoralités qui répandent dans le corps social des ferments corrupteurs, lesquels, comme des corrosifs ardents, rongent et dévorent sa santé, ses croyances, ses pratiques religieuses, sa moralité, en sorte qu'il ne présente plus à l'œil qu'une masse épuisée, dégradée, incapable de toute action généreuse, n'ayant pas pour mobile l'égoïsme, ou celui de l'orgueil, ou celui de la cupidité, ou celui du sensualisme ?

Eh ! bien, ces divers devoirs que nous venons d'énumérer et contre lesquels nulle voix aussi n'oserait s'élever, la transfiguration chrétienne les impose à l'homme ; et comme elle ne peut exister qu'autant qu'il les accomplit fidèlement, il est manifeste alors qu'il trouve avec elle son bonheur. C'est ce que l'expérience va nous confirmer.

DEUXIÈME POINT

Il faut entendre d'abord le jugement de notre propre expérience, nous entendrons ensuite les jugements de l'expérience de nos semblables ; celle-ci sans doute ne saurait différer de la nôtre ; mais elle offre quelques particularités qu'il est bon d'exposer pour le plus grand éclaircissement de la question qui nous occupe.

Quelle que soit à cette heure la situation de notre âme, sous le rapport moral, il est certain que dans la suite de nos jours écoulés, nous en comptons où nous étions transfigurés en Notre-Seigneur, et d'autres où nous avions cessé de l'être. Au milieu des luttes soulevées au-dedans de nous-mêmes par les mauvaises convoitises, plus d'une fois nous avons triomphé ; plus d'une fois également, après d'humiliantes défaites, la grâce de Dieu ai-

dant, nos principes religieux et nos sentiments de dignité personnelle reprenant sur
nous leur influence salutaire, nous nous
sommes retirés des mains de ces mauvaises
convoitises et nous avons secoué leur joug.

A cause de cela il nous est facile de com-
parer, pour les effets qu'ils produisent, l'état
de la transfiguration chrétienne et l'état op-
posé. Naturellement les termes de la comparaison se trouvent dans notre conscience :
ce sont les impressions délicieuses ou douloureuses qu'elle nous fait ressentir, suivant
la nature de nos actions , suivant qu'elle les
loue ou qu'elle les blâme, qu'elle les approuve
ou qu'elle les condamne. Car si la gloire nous
est distribuée par le suffrage de l'opinion
publique, le bonheur nous est dispensé par le
suffrage de notre conscience. Voilà des principes que nous glorifions tous, et voilà les
causes du bien-être des âmes qui vivent
transfigurées en Notre-Seigneur, et les causes

du mal-être des âmes qui ne vivent pas dans cette précieuse transfiguration. Quelques développements vont nous aider à saisir la plénitude de cette vérité,

Lorsque Dieu créait le monde, à chacune de ses opérations, regardant l'ouvrage sorti de ses mains, il s'y complaisait, il y voyait réalisé par sa puissance, le dessein de sa sagesse et de sa bonté; il disait : c'est bien. Toutes nos actions sont comme autant d'œuvres de notre libre arbitre, qui les conçoit, qui les produit, et à cause desquelles on peut dire de lui qu'il féconde le néant et crée des êtres animés. Or, il faut pour que nous soyons heureux, qu'à chacune de nos créations, la voix de Dieu y applaudisse, qu'il nous en témoigne sa satisfaction, qu'il nous dise au fond de notre conscience : c'est bien; vous avez fait ce que vous deviez faire, comme vous deviez le faire, c'est bien; vous avez usé de votre esprit, de votre cœur, de vos sens conformément à mes volontés, c'est bien ; vous avez dompté les violences de la tentation, vous n'avez pas failli aux obligations de la vertu, c'est bien ; les brasiers de la concupiscence ne vous ont pas dévorés, vous êtes restés sains et saufs au milieu de la fosse aux lions, c'est bien.

Ces applaudissements divins, vous les avez reçus dans votre conscience lorsque vous teniez enchaînées les obsessions perverses de votre nature, lorsque vos engagements de chrétien étaient remplis, lorsqu'il n'y avait pas un moment de vos journées qui ne fût pur de tout méfait d'inconduite. Le témoignage de Dieu, c'est bien, ce témoignage dont il disait à son prophète de le porter de sa part à l'homme vertueux : *Dicite justo quoniam bene,* résonnait au dedans de vous comme une mélodie de fête, vous vous sentiez grands, vraiment nobles dans les jouissances et les honneurs d'une dignité parfaite ; il vous semblait que vous aviez augmenté de taille, que vous marchiez sur des cîmes élevées, sous un ciel lumineux, dans un air plein de fraîcheur et de parfum, toutes les créatures vous souriaient pour vous applaudir; vos occupations n'avaient ni fatigue, ni difficultés; par la liberté de votre âme, les choses que vous aviez à faire se faisaient d'elles-mêmes avec aisance et promptitude ; vous viviez de la véritable vie, et comme autrefois les apôtres sur le Thabor, vous disiez : Je suis bien, bien avec le devoir accompli, bien avec la transfiguration de mon âme en Jésus-Christ.

Mais quand vous vous êtes dépouillés de cette transfiguration, quand vous avez subi l'empire des appétits déréglés et que vous vous êtes faits leurs tristes esclaves, au lieu d'entendre sur votre conduite la douce parole : c'est bien, vous avez entendu la sombre et lugubre parole : c'est mal. Elle retentissait comme un coup de tonnerre et brillait comme un éclair livide à travers vos facultés, au milieu de ces ténèbres du Calvaire qui ne manquent jamais de se répandre dans les âmes où Jésus-Christ meurt par les iniquités qu'elles commettent ; vous étiez brisés, anéantis, sans volonté, sans force, incapables d'application sérieuse, le front courbé, le visage pâle, le regard fixe ; votre mauvaise action se dressait devant vous comme un reproche vous disant perpétuellement : c'est mal ; vous détourniez la tête, vous fermiez les yeux pour ne pas la voir, elle demeurait aussi visible, elle marchait, elle parlait, elle travaillait avec vous ; elle causait vos impatiences, vos humeurs noires, vos irritations, vos emportements. Quelles angoisses ! Quelles inquiétudes ! Quelles douleurs !

Direz-vous qu'il est des hommes qui n'éprouvent ni ces joies, ni ces tristesses, ni ces dégoûts, ni ces satisfactions, qui ne reçoivent ni ces applaudissements, ni ces reproches, ni

ces éloges, ni ces censures, et prétendriez-
vous être du nombre de ces hommes? Ah !
vous vous calomniez, il n'est pas possible, il
n'est pas croyable que les actions soient toutes
égales pour vous, que vous accordiez à toutes
la même valeur morale, ce qui serait ne leur
en accorder aucune ; il n'est pas possible,
il n'est pas croyable que votre conscience
soit devenue tellement indifférente et tellement insensible, que pour tout ce que vous
faites, elle ait les mêmes sentences, que ni
elle ne vous approuve, ni elle ne vous condamne, qu'elle appelle mal, seulement l'impuissance de se satisfaire et de jouir, et bien,
toute espèce de satisfaction et de jouissance ; il
n'est pas possible, il n'est pas croyable que vous
soyez morts deux fois : morts à la vertu que
vous ne pratiquez pas, à la vérité que vous ne
confessez pas, vous moquant au besoin de l'une
et de l'autre, et qu'après avoir violé la loi, vous
en ayez brisé les tables ; il n'est pas possible,

il n'est pas croyable que vous apparteniez à
ce petit groupe d'hommes, si sévèrement
mais si justement définis par saint Paul qui
les appelle des hommes corps, des hommes
sens, des hommes animaux ne comprenant
pas les choses de l'esprit divin, incapables de
les comprendre, les traitant de folie. *Animalis
homo non percipit ea quæ sunt spiritus Dei, stul-
titia enim est ei, nec potest intelligere* (1).

Écoutons maintenant l'expérience de nos
semblables, elle est conforme à la nôtre, nous
l'avons déclaré; mais elle a une particula-
rité qu'il sera bon de signaler. Laquelle?
celle du jugement qu'ils portent sur leur vie
au moment où ils vont la terminer. Il faut
mourir : les prétentions humaines n'ont pas
pu trouver jusqu'à présent un moyen d'é-
chapper à cette destinée; c'est ici qu'elles
sont bien obligées de reconnaître une puis-

(1) S. Paul, I. *Cor.*, c. II, v. 14.

sance contre laquelle leur savoir et ses combinaisons demeurent d'une souveraine infirmité. A ce moment de la mort, la lumière qui éclaire est mêlée de moins d'ombres, les passions éteintes ou affaiblies ne versant plus leurs ténèbres. Il y a trois classes à distinguer dans nos semblables au sujet de la transfiguration de leurs âmes : il en est qui conservent, leur vie durant, l'état de transfiguration chrétienne, ils sont rares sans doute ; il en est d'autres qui rentrent en sa possession avant d'arriver à leur dernière heure ; il en est enfin qui ne la recouvrent qu'à ce moment suprême. Ces actes différents, nous le comprenons, sont des faits de leursvolontés, non moins que de la grâce divine.

Or, avons-nous jamais entendu dire d'un homme, d'un seul, qu'il ait rétracté ses vertus avant de mourir, qu'il ait maudit les leçons qui lui en avaient été données et les personnes desquelles il les avait reçues, qu'il ait

appelé triste et douloureux le temps où il les
avait pratiquées, qu'il ait regretté de ne s'être
pas jeté dans le courant des inclinations dé-
réglées pour les suivre à son aise, qu'il ait
déclaré : si j'avais à vivre de nouveau ma vie,
jouir, par mon corps surtout, serait ma
grande pensée, ma grande occupation et mon
unique but. Jamais, non jamais vous n'avez
été témoins d'une rétractation pareille, et
jamais également vous n'en avez entendu le
récit. Combien de fois au contraire, l'homme
des mauvaises convoitises n'a-t-il pas au moment de la mort déploré les faiblesses, les
aveuglements de sa conduite ! Combien de
fois n'a-t-il pas versé des larmes et des regrets
sur les fausses positions où il s'était placé par
des engagements dans le désordre, et sur les
inquiétudes de toute nature dont par suite il
avait été la proie et la victime ! Combien de
fois n'a-t-il pas dit qu'il avait fait souffrir avec
lui une famille, des enfants, compromis leur

avenir, dérangé leur fortune, que les expédients qu'il avait dû se procurer pour faire
face à des nécessités inévitables lui avaient
causé de cruelles insomnies, et l'avaient condamné à des démarches humiliantes! Combien de fois n'a-t-il pas dit que l'eau fangeuse
des voies publiques, des plaisirs illégitimes,
avaient irrité sa soif au lieu de l'apaiser et
qu'il l'aurait désaltérée au contraire en buvant
à la source du devoir accompli !

Tenez, approchons-nous du lit d'un mou-
rant, supposons que c'est vous-même, aussi
bien la supposition vous ne la déclarerez pas
chimérique, vous savez que tôt ou tard, vous
serez aux prises avec la réalité. Vous voilà
regardant votre vie, c'est un volume que vous
avez dans les mains, vous le lisez : quelles
lignes effacerez-vous? quelles pages déchi-
rerez-vous? Ah ! vous n'effacez pas les lignes,
vous ne déchirez pas les pages où se trouvent
et se voient la puissance sur vous-même, la

domination des mauvaises convoitises, la pratique de tous les devoirs qui constituent la transfiguration de l'âme. Ces lignes, ces pages, au contraire, vous les baisez avec une émotion profonde parce que les vertus qu'elles vous montrent, vous donnaient véritablement le bonheur; aujourd'hui même, et sans vous placer à votre dernier soupir, lesquelles de vos actions voudriez-vous n'avoir jamais faites? Soyons sincères : lesquelles vous ont livrés aux tourments, aux supplices, aux anxiétés? Lesquelles vous ont révélé par les remords quelque chose du supplice de la damnation, quelque chose du purgatoire, ce n'est pas assez, quelque chose de l'enfer lui-même? Lesquelles, encore une fois, voudriez-vous, pour votre honneur et votre repos dans le passé et dans le présent, n'avoir jamais commises? La réponse n'est pas douteuse; et cette réponse prouve que notre expérience se joint aux éléments qui constituent le bonheur,

pour l'attribuer à l'ordre, au devoir accompli,
à la transfiguration de l'âme en Notre-Seigneur.

Sire, un illustre docteur de l'Église, saint
Augustin, ce grand cœur, ce grand génie bien
digne de votre audience, va confirmer par son
exemple les vérités que nous venons de mé-
diter. Passionné pour les honneurs et les dis-
tinctions, avec une imagination vive et une
sensibilité extrême, dans un siècle où l'idolâtrie n'avait pas encore disparu totalement,
il trouva trop peu conforme à ses inclinations naturelles, la foi chrétienne que sa sainte
mère lui avait enseignée ; il préféra la doctrine des deux principes, l'un bon, l'autre
mauvais, à l'empire desquels l'homme ne
saurait résister, et qui de cette sorte le mettent
à l'abri de toute responsabilité pour ses actions.

Vous savez que la vigueur de l'esprit de
saint Augustin reconnut plus tard la fausseté
de cette doctrine et qu'il s'en sépara ; vous

savez qu'il resta quelque temps dans la pensée que la vérité était chose trop incertaine pour s'épuiser à sa recherche et lui sacrifier les plaisirs des sens; vous savez que son invincible besoin de connaissances le ramena aux Saintes-Écritures dont la simplicité avait autrefois déconcerté sa vanité littéraire; vous savez qu'il fut frappé de la splendeur de leur lumière, qu'il déclara le devoir de la suivre pour les croyances et pour la conduite; vous savez que sous ce dernier rapport il eut à soutenir de terribles luttes contre ses passions qu'il vainquit enfin avec le secours des prières et des larmes de sa mère. Écoutez maintenant son expérience sur les deux états de l'âme, sur celui où elle est transfigurée en Notre-Seigneur et sur celui où elle ne l'est pas. Certes, ce n'est point vous traiter mal que de vous faire entendre un homme de ce mérite, de cette autorité; vous conviendrez qu'il n'y en a pas beaucoup qui le vaillent

dans toute la suite des siècles. Écoutez-le
donc, mais n'oublions pas qu'il était en possession de la plénitude de la vie, n'ayant pas
atteint sa trentième année lorsqu'il rompit
les fers de son esclavage spirituel.

« O mon Dieu, c'est lui qui parle, dans les
jours de ma jeunesse, je descendis la pente
rapide des plaisirs et je me devins bientôt à
moi-même une région de ténèbres et d'hor-
reurs ; mais quelles voluptés ne trouvé-je pas
à être délivré de celles dont la privation m'a-
vait d'abord causé tant d'alarmes ; vous les
chassiez de mon cœur et vous entriez à leur
place, suavité supérieure à toutes les suavités ;
votre loi m'avait semblé un joug insupportable, et quand je l'eus embrassée, je me sentis
libre, réellement libre dans mes pensées, dans
mes désirs et més affections ; loin de vous, je
n'étais pas heureux, car pour être heureux, il
faut être un en soi et j'étais multiple tant
j'avais de volontés contraires qui me tyran-

nisaient ; par elles, je jetais çà et là ma vie, vous avez ramassé les débris, vous m'avez ramené à l'unité, et par cette unité, vous m'avez rendu le bonheur. Je vous ai aimé trop tard, beauté ancienne et toujours nouvelle, mais je vous aimerai toujours ! »

O mon Dieu, c'est aussi notre résolution à tous, bénissez-la pour le temps et pour l'éternité. Amen.

MOYENS DE LA TRANSFIGURATION

MOYENS DE LA TRANSFIGURATION

DE L'HOMME

> *Impleti sunt.*
>
> Ils furent rassasiés.
>
> (S. JEAN, ch. 6.)

SIRE,

C'est dans sa résistance aux tentations, dans son triomphe des mauvaises convoitises. dans l'accomplissement de ses devoirs, en un mot, dans sa transfiguration, qui est le devoir pleinement accompli, que l'homme trouve le bonheur, non pas le bonheur parfait, il est impossible sur cette terre où l'homme aura toujours à lutter, toujours à souffrir dans son esprit, dans son âme, dans son cœur et dans son corps.

Voilà pourquoi l'apôtre saint Jacques nous déclare que l'homme ici-bas est un commencement de créature : *Initium aliquod creaturæ* (1). Ce commencement se développe, et chacun de nous reçoit son achèvement, lorsque le temps des épreuves se termine pour lui, et que notre divin Sauveur le reçoit dans les joies de son éternelle béatitude.

Mais ce bonheur commencé sur la terre est-il à notre disposition? Pouvons-nous l'acquérir et le conserver par nous-mêmes? En d'autres termes, l'accomplissement du devoir, cet accomplissement qui nous fait heureux, est-il en notre puissance, de telle sorte que nous en ayons au dedans de nous, les ressources et les moyens; au contraire avons-nous besoin d'aide et d'assistance pour cet

(1) S. Jac., c. i, v. 18.

accomplissement? Oui, l'aide et l'assistance nous sont nécessaires pour triompher des mauvaises convoitises et pour pratiquer les vertus opposées, car nous avons besoin pour cela d'une volonté forte, d'une volonté soutenue, d'une volonté persistante. Eh ! bien, c'est Notre-Seigneur qui nous la dispense par sa grâce avec laquelle il sustente nos âmes pour que nous ne défaillions pas spirituellement dans notre traversée du temps à l'éternité, de même qu'il nourrit avec cinq pains dans le désert la foule de peuple qui l'y a suivi, afin qu'elle puisse sans défaillance retourner à ses demeures.

C'est ainsi que Notre-Seigneur est l'auteur et le consommateur de notre transfiguration morale. Cette doctrine, une des plus importantes à connaître et à mettre en pratique, va faire le sujet de la présente instruction dont voici le partage : premièrement, c'est Notre-Seigneur Jésus-Christ qui transfigure les âmes ; secondement par quelles opérations de sa part, et avec quelle correspondance de la leur les transfigure-t-il ?

Il sera bon de nous rappeler la marche de nos entretiens et les degrés par lesquels nous nous élevons dans la connaissance de la transfiguration de l'âme en Notre-Seigneur. Le premier a considéré les tentations qui sont les difficultés de la transfiguration de l'âme ; le second a considéré la nature de cette transfiguration qui consiste dans la sujétion des convoitises perverses et dans le règne des saintes inclinations ; le troisième nous a montré le bonheur de la transfiguration par le fait du devoir accompli ; l'entretien d'aujourd'hui va nous rendre compte des moyens de cette bienheureuse transfiguration ; le prochain en admirera la beauté ; le suivant contemplera l'empire ou l'Église de Jésus-Christ qui transfigure les âmes ; nous méditerons ensuite l'étendue et la grandeur

de ses souffrances pour l'œuvre de notre transfiguration ; enfin nous entendrons ce qu'il dit
le jour de la grande rénovation des âmes, à
celles qui lui ont demandé leur transfiguration et qui l'ont reçue ; et à celles qui ne
l'ayant pas demandée, ne pouvaient la recevoir.

PREMIER POINT.

C'est Notre-Seigneur Jesus-Christ qui
transfigure les âmes. Les Juifs lui disent: « Qui
êtes-vous ? » Il leur répond : « Le principe,
principium (1). » En parlant de la sorte il se
présentait au monde comme personne ne
l'avait fait avant lui, et comme personne ne
l'a fait depuis. Oui, jamais la déclaration
d'une autorité propre aussi haute et aussi
incomparable, n'a été entendue une autre
fois sur la terre. C'est que jamais l'usurpation
de l'orgueil humain n'aurait pu s'élever à ce

______
(1) S. Jean, c. VIII, v. 25.

degré, et que pour dire de soi-même : « Je suis le principe, » il faut l'être réellement. Notre-Seigneur est le principe parce qu'il a tout créé et tout restauré, parce que Verbe éternel il a tiré du néant l'universalité des choses, et que Verbe éternel fait chair, il a retiré de l'abîme du péché celles qui s'y trouvaient jetées. En dehors de Jésus-Christ comme Verbe éternel, nulle créature ne saurait naître et vivre ; en dehors de Jésus-Christ comme Verbe fait chair, nulle créature intelligente ne saurait avoir, conserver, ni recouvrer la vie morale, c'est ainsi qu'il est l'auteur de la transfiguration de nos âmes. Il nous affirme cette vérité par des paroles expresses, par les prodiges qu'il opère, et tout d'abord par le fait même de son incarnation.

Écoutons en premier lieu ses paroles : *Sans moi vous ne pouvez rien accomplir* (1) dans

----

(1) S Jean, c. xv.

l'ordre de la sainteté et du salut ; *Je suis le cep de la vigne, vous en êtes les branches;* détachés du cep, quels fruits pourriez-vous produire, pourriez-vous même subsister? Vous seriez un *sarment desséché*; inutile alors, et *bon seulement à brûler*; l'homme *qui n'amasse pas avec moi*, ne recueille rien, *il disperse* au contraire. Sa vie véritable, c'est son union avec les pensées de la Sagesse souveraine; cette vie, comme homme, je la possède dans toute sa plénitude, car je suis uni parfaitement à mon père qui est mon Dieu ; mais, Dieu moi-même, je suis cette vie ; et comme Messie, je la dispense aux hommes qui sont mes frères. Je suis venu parmi eux pour qu'ils *l'eussent*, et *qu'ils l'eussent en abondance* (1), dans la mesure de leurs besoins et de leur volonté, pouvant la recouvrer autant de fois qu'ils la perdraient ; je suis venu purifier par mes mé-

____

(1) S. Jean, c. x, v. 10.

rites leurs âmes de toutes souillures et leur
donner la splendeur de la transfiguration.

A ces paroles si claires du Sauveur, joignons
l'autorité de ses miracles qui affirment également que c'est lui qui transfigure nos âmes
par la victoire qu'il leur fait remporter sur
les coupables convoitises et par les vertus
qu'il leur fait pratiquer. Vous n'ignorez pas
que les prodiges de notre adorable Maître
étaient en même temps des réalités et des
figures. Des réalités, car il guérissait réellement les malades, il faisait réellement voir
les aveugles, entendre les sourds, parler les
muets, marcher les paralytiques. Par toutes
ces merveilles, il donnait le témoignage irré-
cusable de sa puissance infinie et de son éternelle grandeur ; commandant en maître à la
nature entière, il prouvait d'une manière ir-
résistible qu'il en était le souverain, et
qu'ainsi le droit lui appartenait en propre de se
faire écouter et de se faire obéir de toute créa-

ture ; il le déclarait positivement aux Juifs : *Si ma parole*, leur disait-il, *ne vous suffit pas* pour m'accepter comme le Messie promis et attendu, *les prodiges que j'opère*, et qui sont sous vos yeux, *appuient ma déclaration* (1) et attestent la vérité de mes discours.

Aussi bien le miracle, il n'y a que Dieu qui puisse l'opérer, et qui puisse par conséquent conférer la puissance de le faire ; il est sa langue personnelle pour parler à la terre ; c'est pour cette raison que Notre-Seigneur s'est enveloppé de l'éclat du prodige dans ses manifestations ici-bas ; éclat qui était visible à tous les hommes, aux plus simples comme aux plus savants. Les simples sont rarement capables d'être frappés de la certitude intrin-sèque d'une doctrine, au lieu qu'ils saisissent facilement la certitude d'un fait, n'ayant besoin que de leurs yeux pour s'en rendre

(1) S Jean, c. v, v. 36.

compte, et ayant d'ailleurs assez d'esprit pour discerner sans erreur, si ce fait est à la portée du pouvoir de l'homme, dans la proportion de ses forces, s'il est permis par conséquent de lui en attribuer la gloire, ou si l'on ne doit pas au contraire la rapporter à Dieu.

Mais les miracles de Notre-Seigneur étaient en même temps des figures. Le monde moral renferme autant de misères que le monde matériel, il en renferme même de plus grandes et de plus nombreuses. Or, en soulageant celles du monde matériel, Notre-Seigneur disait l'assistance qu'il apportait à celles du monde moral; ses œuvres visibles révélaient ses œuvres invisibles, et il ne se montrait si bon, si compatissant, si miséricordieux dans l'ordre de la nature que pour faire connaître qu'il l'était autant et encore plus dans l'ordre de la grâce. Sous ce rapport qui était le but final de sa venue ici-bas, il a bien fait toutes choses : *Benè omnia fecit* (1), il a fait voir les aveugles, entendre les sourds, parler les muets, marcher les paralytiques, revivre les morts ; il a retiré l'homme des ténèbres du mensonge où il s'était plongé ; il l'a délivré de l'esclavage des inclinations mauvaises ; il l'a rempli de force pour qu'il ne se remît pas sous leur joug, pour qu'il se maintînt dans la liberté des enfants de Dieu, pour qu'il gravît avec une énergie triomphante, les degrés de la vertu qui lui sont si difficiles à monter, à cause de sa participation à la faute primitive, laquelle l'a blessé profondément et l'a réduit à ne pouvoir sans un secours du ciel, faire un pas qui soit méritoire et qui ne soit pas au contraire une chute, dans les voies de la vie surnaturelle. Notre-Seigneur manifeste ces deux ordres d'actions sur le paralytique

(1) S. Marc, c. VII, v. 37.

dont on lui demande la guérison. *Vos péchés vous sont remis*, lui dit-il, voilà l'action spirituelle ou la transfiguration de l'âme; *levez-vous, emportez votre lit* (1), voilà l'action matérielle ou la guérison du corps ; aussi, n'a-t-il reçu et porté le nom de *Sauveur* que parce qu'il devait affranchir l'homme du péché et lui rendre la splendeur spirituelle qu'il n'aurait jamais dû perdre. Les Prophètes voyaient avant tout cette assistance lorsqu'ils montraient le Messie *prenant sur sa personne nos douleurs, nos infirmités et nous guérissant par ses plaies* (2).

Il nous sera bien facile de déduire encore cette vérité du fait même de l'Incarnation de notre divin Sauveur. En se faisant homme, il veut que la nature tombée du sein de la bonté divine, devienne capable d'y rentrer par droit, en offrant à la majesté infinie

(1) S. Marc, c. II, v. 9.
(2) Isaïe, c. LIII, v. 5.

une satisfaction proportionnée à l'offense
qu'elle a reçue; volonté que l'apôtre saint
Paul appelle le chef-d'œuvre de la sagesse
éternelle. Par son Incarnation, le divin Sauveur veut en outre que dans sa personne
la nature humaine s'élève au sommet de la
grandeur morale; il se propose ainsi pour
modèle à chacun des hommes qui doivent
s'efforcer de s'approcher le plus près possible de cette grandeur, sans être en état
toutefois d'atteindre jamais à son degré ;
mais en même temps que Notre-Seigneur
demande à l'homme de s'unir à ses exemples
pour les reproduire, il lui dit de s'unir à sa
force pour avoir celle de ce travail et de ce
résultat, et arriver à sa transfiguration. Le
dernier mot de ce dessein de miséricordieuse
et nécessaire assistance, Notre-Seigneur le
dit d'une manière complète, sublime, inef-
fable par le mystère de l'Eucharistie qui
est l'Incarnation étendue à tous les hommes

en particulier, pour les rendre tous participants du Médiateur, et ainsi pour qu'ils comprennent bien que leur vie spirituelle n'a pas moins besoin de lui pour exister et se conserver, que leur vie corporelle a besoin de pain et de vin pour ne pas dépérir et succomber.

Saint Paul prêche dans Athènes, cette ville fameuse par l'élégance de son langage et la politesse de ses mœurs ; il annonce aux Seigneurs de l'Aréopage où il est conduit pour expliquer sa doctrine, le Dieu auquel ils ont élevé un autel avec ce titre : au *Dieu inconnu* ; il leur déclare que ce Dieu qu'ils ne connaissent pas, donne *la respiration* et l'existence à *tous les hommes* et *à la nature entière*, que nous avons en lui l'*être*, le *mouvement* et *la vie*, et que nous *sommes de sa race*. Dans ces magnifiques paroles vous entendez l'expression de la doctrine que nous méditons. Jésus-Christ qui trop souvent aussi, hélas ! est un médiateur inconnu, nous donne dans l'ordre spirituel et moral la respiration et l'existence ; c'est en lui que nous sommes, que nous vivons, que nous agissons pour vaincre l'orgueil, la cupidité, le sensualisme et pour pratiquer l'humilité, le détachement raisonnable et la pureté ; il est le milieu où se forme, où se développe et où se consomme la transfiguration de l'âme; c'est pour cela qu'il porte le nom d'*Emmanuel*, *Dieu avec nous*, que nous avons besoin de sa présence dans nos actions, qu'il les fasse avec nous, comme il faisait les siennes avec son Père ; c'est pour cela que l'Église, éclairée par le Saint-Esprit, ne cesse de nous adresser ce souhait, *Dominus vobiscum*, que le Christ soit avec vous, qu'il vous anime dans tout ce que vous accomplissez et qu'il trouve en vous, d'abord la pleine et entière liberté de ses précieuses opé· rations, et ensuite la correspondance qu'elles réclament pour qu'il transfigure vos âmes.

Cette correspondance et ces opérations sont le sujet de la seconde partie de notre entretien.

SECOND POINT.

Il y a quatre choses ici-bas qui sont supérieures à toutes les autres sans comparaison; qui les dominent bien plus que la montagne ne domine la plaine, et autant, au moins, que le ciel s'élève au-dessus de la terre ; le Temps, ce destructeur impitoyable, à qui tout cède, qui consume les États et leurs institutions ; qui jette dans le sépulcre les générations successives, leurs monuments, leur gloire, leurs fêtes ; le Temps qui a dévoré tant de systèmes de doctrines, tant de royaumes et tant de peuples, qui semble abattre avec plus de plaisir, ce qui paraît devoir résister davantange à ses coups, qui assiste chaque jour à la naissance et à la mort d'une multitude de créatures ; qui voit tout changer, et qui reste le même ; tout passer, et qui demeure ; le Temps, dont nous subissons la force corrosive, qui nous use, qui nous flétrit, et qui, tôt ou tard, nous fera tomber à ses pieds, ne peut rien sur ces quatre grandes choses, il les respecte, il les vénère, il les adore ; il est plutôt prosterné que debout devant elles ; il déclare qu'elles sont invincibles à tous efforts, à toutes entreprises, à toutes attaques essayées contre elles, n'importe la puissance et l'ardeur des moyens ; qu'elles vivront autant que lui, qu'elles n'auront pas de fin, ou qu'elles ne finiront qu'au moment où il succombera lui-même.

Ces quatre grandes choses, d'un prix inexprimable pour l'homme, desquelles il reçoit la transfiguration de son âme, sont : une chaire, une croix, un autel, une table : une chaire qui instruit, une croix qui pardonne, un autel qui prie, une table qui nourrit. Or, c'est Notre-Seigneur Jésus-Christ qui enseigne, qui pardonne, qui prie et qui nourrit; le prêtre, qui vous apparaît dans ces diverses fonctions, n'est que son instrument, dont il emploie les organes pour se mettre en communication avec nous. Ainsi parle un concile de Mayence.

Du haut de la chaire, l'adorable Docteur, qui est la lumière du monde, verse d'ineffables clartés sur Dieu, sur son essence, sur ses volontés, sur ses œuvres; il les verse sur l'homme, sur sa nature, sur son origine, sur sa destinée présente et future ; sur ses obligations envers son Créateur, envers son semblable, envers lui-même; sur les récompenses ou les châtiments qui l'attendent au-delà du tombeau, selon qu'il les aura remplies ou violées, selon qu'il aura fait triompher en lui les bons ou les mauvais penchants, selon qu'il aura sacrifié l'esprit au corps ou le corps à l'esprit, la matière à l'intelligence ou l'intelligence à la matière.

Du haut de la croix, le charitable Sauveur
appelle à lui tous les pécheurs ; il accueille
ceux qui se rendent à ses invitations, il entend leurs aveux, il juge leurs dispositions,
il voit leur ferme propos pour l'avenir, il leur
pardonne. Nulle existence, si grandes, si an-
ciennes, si nombreuses que soient ses fautes.
qui n'en reçoive, de sa miséricorde, l'absolu-
tion entière, avec ces consolantes paroles :
*Allez, vos péchés vous sont remis ; ne les com-
mettez plus, de peur qu'il ne vous arrive quelque chose de pire ;* allez, vous avez mal fait,
dorénavant faites bien ; vous êtes libre maintenant, ne redevenez pas esclave ; *vous étiez
ténèbres, vous voilà lumière ;* accomplissez les
œuvres de la lumière, qui sont la piété, la
justice, la pureté et la charité.

A l'autel, le divin Médiateur prie : il adore
la majesté souveraine, il offre des expiations
à sa sainteté, des actions de grâce à sa bonté,
des supplications à sa miséricorde ; il prie

pour la persévérance des justes, pour la conversion des pécheurs ; il prie pour les besoins des individus, pour ceux des familles, pour ceux des empires ; il s'interpose avec ses mérites infinis, pour éloigner le châtiment des hommes et des nations coupables. Nous nous étonnons quelquefois de ce que la justice éternelle ne se manifeste pas à l'occasion de grands attentats commis publiquement, et dont leurs auteurs semblent se prévaloir comme ils ne le feraient pas d'une bonne action ; vous dites *où est Dieu*, où est sa sainteté, où est sa sagesse, où est sa justice, où est sa puissance ? Pourquoi sa foudre vengeresse ne sillonne-t-elle pas les airs, et ne vient-elle pas abattre cette tête insolente qui le brave audacieusement, qui outrage son Christ et son Église ? Pourquoi ? Entendez à l'autel la prière de ce Christ, notre *propitiation* (1),

____

(1) S. Jean, c. ii, v. 2.

sa prière depuis dix-huit siècles et même avant, puisqu'il n'a jamais cessé de protéger les pécheurs, dans son ardent désir de les amener à la pénitence ; entendez : *Père, pardonnez-leur, ils ne savent ce qu'ils font !*

A la table eucharistique, le divin Rédempteur se donne en nourriture à l'homme : il lui donne d'une manière surnaturelle, mais réellement son corps, son âme, sa divinité ; il lui donne ce pain vraiment céleste figuré par la manne et par l'eau du rocher dans la traversée du désert ; il lui donne ce pain substantiel qui le remplit d'énergie et qui lui fait gravir avec succès la pente du devoir, cette pente si raide et si escarpée où l'on se traîne plutôt qu'on ne marche, à travers des périls continuels, sous le poids d'une faiblesse accablante et aux prises souvent avec les tentations les plus violentes ; il lui donne ce pain mystérieux, ce pain la merveille des merveilles, qui l'élève à une gran-

deur sans mesure, qui le met en possession
de Dieu, qui réalise ainsi sa destinée autant
qu'elle peut être réalisée ici-bas, au milieu
des ombres de l'épreuve et de l'exil ; mais qui
lui prodigue les gages de la réalisation sans
ombre aucune, dans les plus magnifiques
splendeurs, au sein de la béatitude la plus
complète.

Voilà par quelles opérations Notre-Seigneur Jésus-Christ éclaire nos ténèbres, efface
nos souillures, fortifie nos infirmités, glorifie
notre nature et confère à nos âmes leur transfiguration. Mais nous devons correspondre à
cette action du divin Maître ; elle resterait
sans effet, si nous n'avions pas soin de nons
y unir. Quelle correspondance nous de-
mande-t-elle ? La réponse est aisée : elle nous
demande d'écouter l'enseignement de la
chaire, de recevoir le pardon de la croix, de
communiquer à la prière de l'autel et de participer à l'aliment de la table eucharistique.

Entendez sur cette correspondance l'ordre du Sauveur : *Celui qui croira et qui sera baptisé sera sauvé, celui qui ne croira pas et qui ne sera pas baptisé sera condamné ; les péchés seront remis à ceux à qui vous les remettrez, ils seront retenus à ceux à qui vous les retiendrez ; pardonnez-leur, mon Père, ils ne savent pas ce qu'ils font ; prenez et mangez, c'est mon corps ; prenez et buvez, c'est mon sang ; faites jusqu'à la fin des temps ce que je viens de faire.* De là, le devoir d'écouter la parole sainte, d'accuser nos péchés, d'assister au sacrifice de la Messe et de recevoir la communion. Il est évident que ce devoir est des plus rigoureux ; que pour confesser la vérité, il faut la connaître ; que pour la connaître, il faut en entendre la prédication ; il est bien évident qu'il faut se délivrer des offenses que l'on a commises, que pour en être délivré, les conditions imposées à cet effet par le divin Sauveur, doivent être remplies ;

9

il est bien évident qu'il faut communiquer
à sa prière pour rendre à l'éternelle Majesté
les hommages qui lui sont dus, que cette
prière se perpétue à l'autel et que nous devons y venir : il est bien évident enfin, que
l'Eucharistie est la source de toutes les
grâces dont nous avons besoin pour la vie
morale, qu'elle est en même temps le so-
lennel témoignage de nos grandeurs devant
Dieu et que nous devons sentir en nous le
besoin de la recevoir.

Vous répondez que la parole évangélique
est fatigante, qu'elle manque d'intérêt parce
qu'elle manque d'éloquence. Ce n'est pas
la raison qui vous empêche de l'entendre ;
aussi bien les discours et les conversations
de vos sociétés sont loin de la valoir sous
ce rapport même où vous la trouvez indigne
de votre audition. Si vous ne l'entendez
pas, c'est parce qu'elle censure votre conduite, qu'elle vous exhorte à la réformer

et que vous ne le voulez pas. Bien sûrement
ce n'est pas la forme, mais le fond de l'enseignement chrétien qui vous rebute ; certes,
l'éloquence ne manque pas dans la parole
de ces orateurs sacrés, dont les écrits font
partie de la richesse littéraire de notre patrie et la gloire de l'esprit humain ; les li-
sons-nous ces écrits ? Lisez-vous l'Évangile
où Notre-Seigneur tient en personne son
école de croyance et de morale ? Non. Mais
vous lisez des livres sans substance, des livres affamés et qui vous affament, ne vous
donnant rien, ne pouvant rien vous donner
de bon, et surexcitant en vous le besoin des
jouissances matérielles.

La croix ! il y a bien longtemps qu'elle ne
vous a pas vus à ses pieds, la tête courbée
sous le faix de vos désordres, lui demandant
de vous les pardonner, lui exprimant vos regrets du passé, vos saintes résolutions pour
l'avenir. La présence du prêtre auprès de

cette croix, pour vous éclairer au besoin, vous conseiller et juger vos dispositions, vous déplaît. Soyez francs, ôtez le prêtre d'auprès de la croix, vous verra-t-elle davantage recourir à ses pardons? Viendrez-vous davantage l'embrasser, la presser de vos deux mains, pour faire tomber sur votre âme une goutte du sang divin, de ce sang qui peut seul la purifier? Ah! du moins soyez bien résolus à ne pas quitter la terre sans avoir frappé votre poitrine dans des sentiments de componction profonde devant cette croix, sans regarder avec foi, avec espérance, avec amour, avec contrition la victime qu'elle porte entre ses bras, cette victime qui bénit et qui sauve.

Sommes-nous plus fidèles à réclamer en face de l'autel, où Jésus-Christ continue à s'immoler, les secours si nombreux d'ailleurs dont nous avons besoin, secours de toute sorte, secours spirituels, temporels, particuliers, publics, domestiques, natio-

naux ? Sommes-nous plus fidèles à venir mêler à ces sublimes adorations de la majesté
infinie, celles que nous lui devons nous-mêmes, à cause de notre dépendance, à cause
des biens que nous en avons reçus, biens de
la nature, biens de la grâce, biens pour la vie
présente, biens pour la vie future. Fréquem-
ment il nous arrive de nous abstenir, sans
raison légitime, de monter chaque dimanche
au Calvaire, pour communier à sa prière de
larmes, de gémissements et de sang ; lorsque
nous y montons, cette prière fixe-t-elle notre
attention ? Tient-elle attachés à ses pensées et
à ses sentiments nos esprits et nos cœurs ?

Que dire maintenant de la participation au
pain de l'Eucharistie ? Cet acte, qui nous honore tant, qui nous élève si haut, qui nous
remplit de tant de grâces précieuses, qui nous
procure la victoire sur les mauvais penchants ;
cet acte, qui couronne la vie chrétienne, vers
lequel nous devrions faire converger toutes

nos actions, comme, dans le temple, toutes
les parties qui le composent convergent vers
le sanctuaire ; cet acte, qui est la cîme suprême ou le comble de l'union de l'homme
avec Dieu dans le temps et le gage de l'union
de Dieu avec l'homme dans l'éternité, l'avez-
vous fait une fois ? L'avez-vous renouvelé ?
N'y a-t-il pas des années et des années que
vous le négligez, que vous vous êtes con-
damnés vous-mêmes à une funeste excom-
munication ?

Étonnez-vous ensuite de la puissance des
mauvaises convoitises sur tout votre être,
qu'elles vous soulèvent, vous agitent, vous
tourmentent comme le vent soulève, agite et
tourmente la poussière ; qu'elles vous roulent
sous leurs pieds comme le flot roule le caillou
de ses rives, le prenant, l'emportant et le
rapportant à son gré ; qu'elles vous tyranni-
sent et vous fouettent devant elles comme le
maître impitoyable tyrannise et fouette ses

esclaves ; qu'elles vous signifient leurs exigences et que vous vous empressiez de les satisfaire, qu'elles vous appellent et que vous accouriez; qu'elles vous disent faites cela et que vous le fassiez ; allez là et que vous y alliez : esclavage d'autant plus terrible que vous ne pouvez y échapper ni par la fuite, puisque vous le portez en vous : ni par le changement de maître, puisque vous ne pouvez vous quitter.

Il en est bien autrement des âmes qui vivent unies à Jésus-Christ, qui méditent ses oracles, qui déposent au pied de sa croix leurs misères spirituelles, qui reçoivent son pardon et ses conseils, qui se prosternent devant son autel pour adorer, remercier, implorer et expier avec lui, qui mangent sa chair et qui boivent son sang. Plantées, établies dans le Rédempteur, *Radicati in ipso* (1);

(1) S. Paul, *aux Col.*, c. II, v. 7.

selon le langage de saint Paul, enfonçant de plus en plus leurs pensées comme des racines dans ce sol divin, elles en aspirent les sucs vivifiants, et au lieu d'être pareils au figuier stérile qui ne présentait à l'œil que des branches desséchées, semblables au contraire à des arbres fécondés par des eaux vives et par les rayons du soleil, elles ont leurs branches toujours vertes et toujours chargées des plus beaux fruits. Ces âmes, assistées du divin Médiateur, assistées de ses lumières et de ses énergies, s'élèvent *de vertus en vertus* et deviennent inaccessibles de plus en plus aux faiblesses de la nature humaine.

En terminant, assistons au touchant spectacle de Notre-Seigneur transfigurant une âme. En ce temps-là, Jésus, fatigué du chemin, s'assied auprès du puits de Jacob, non loin d'une ville de Samarie, appelée Sichar. Une femme vient puiser de l'eau, Jésus lui dit : — *Donnez-moi à boire ;* elle lui répond : — *Comment pouvez-vous me demander à boire, vous êtes Juif, je suis Samaritaine, peut-il donc y avoir le moindre commerce entre Jérusalem et Samarie?* Jésus lui dit : — *Si vous connaissiez le don de Dieu, et quel est celui qui vous parle, c'est vous qui m'auriez demandé à boire et je vous aurais donné de l'eau vive.* La Samaritaine reprend : — «Comment pourriez-vous me donner à boire, » *vous n'avez pas de vase pour puiser de l'eau, d'où tireriez-vous cette eau vive?* Jésus lui dit : — *Quiconque boit de l'eau de ce puits aura encore soif, au lieu que celui qui boira de l'eau que je lui donnerai n'aura jamais soif, elle deviendra en lui une source d'eau rejaillissant pour la vie éternelle.* Cette femme lui dit : — *Seigneur, donnez-moi de cette eau afin que je n'aie plus soif, et que je ne vienne plus ici pour en tirer.* Notre-Seigneur révèle alors à cette Samaritaine les graves erreurs de sa conduite actuelle, et tout ce qu'elle a fait auparavant. Il lui déclare qu'il

est le Messie ; il l'étonne, il l'éclaire, il la
persuade, il la couvre d'une glorieuse confusion, il l'embrase d'un salutaire repentir,
il la transfigure. L'esprit et le cœur profondément émus, elle court annoncer à la ville
ce qui lui arrive. Des habitants veulent juger
le Seigneur par eux-mêmes ; ils voient, ils
entendent, ils admirent, ils croient, ils sont
transfigurés.

Seigneur Jésus, don charitable, miséricordieuse aumône faite au genre humain pauvre
et déchu, *donnez-nous à boire* ; donnez à boire
à celui que vous avez transfiguré, afin qu'il
garde votre bienfait, qu'il n'en perde pas la
gloire et le bonheur ; donnez à boire à celui
qui est dans les ténèbres et qui ne vous connaît pas, afin que la vérité brille à ses yeux et
qu'il vous confesse ; donnez à boire à celui
qui est enseveli dans les convoitises mauvaises, afin qu'il ait la force et la volonté de
s'en retirer ; donnez à boire à l'orgueilleux,

afin qu'il soit humble ; à l'amant déréglé des biens sensibles, afin qu'il n'y soit attaché que raisonnablement ; au luxurieux, afin qu'il soit chaste. Mais pour vous demander à boire, il faut avoir soif ; eh ! bien, allumez en nous la soif ardente, brûlante de tout ce qui est bon, de tout ce qui est bien, de tout ce qui est juste, de tout ce qui est pur, de tout ce qui est honnête ; puis *donnez-nous à boire*, étanchez notre soif à ces quatre sources que vous avez ouvertes ; par la chaire, par la croix, par l'autel, par la table eucharistique, abreuvez-nous abondamment de cette eau mystérieuse qui rafraîchit l'âme au milieu des luttes d'ici-bas, qui rejaillit à la vie éternelle, qui la rafraîchit alors pleinement et toujours. Amen.

BEAUTÉ DE LA TRANSFIGURATION

BEAUTÉ DE LA TRANSFIGURATION

CHRÉTIENNE

Quis ex vobis arguet me de peccato?
Qui de vous me convaincra de péché?
(S. JEAN, c. 8, v. 48.)

SIRE,

Sans Notre-Seigneur Jésus-Christ, l'homme ne saurait arriver à la transfiguration de son âme. Si quelques actes moraux sont dans la mesure de ses forces naturelles, vaincre habituellement les mauvaises convoitises et pratiquer les vertus opposées, il ne le peut pas de lui-même. Pour qu'il le puisse, un secours d'en haut lui est indispensable, ce secours lui a été mérité et lui est dispensé par l'opération de l'adorable Médiateur qui est ainsi l'auteur de notre transfiguration.

L'homme qui la possède, qui la conserve dans son intégrité, qui chaque jour s'efforce de l'augmenter, peut dire en s'adressant à ses semblables : *Qui de vous me convaincra de péché?* Bien entendu qu'en le disant, il ne s'attribuera pas la gloire de cet heureux état, mais qu'il la rapportera au Sauveur Jésus auquel elle appartient, puisque la volonté comme la pratique du bien dans l'ordre du salut nous viennent de lui ; *Et velle et perficere* (1).

Nous aimons, nous admirons ce qui est beau, sa vue donne à notre esprit et à notre cœur de vives émotions, il nous frappe, nous saisit et nous enchaîne ; quelquefois ce sont de véritables ravissements qu'il nous cause ; nous sommes suspendus à sa contemplation,

____

(1) S. Paul, *aux Phil.*, c. ii, v. 13.

dans l'immobilité de l'extase et nous sentons le besoin extrême que nous avons de lui pour entrer dans les jouissances légitimes de notre nature.

Mais la beauté morale l'emporte sur toutes les autres, et le spectacle d'une belle action fait sur nous une impression bien plus vive, bien plus profonde, bien plus durable et d'un ordre bien plus élevé que celle causée par la vue d'une belle tête ou d'une belle découverte ou d'un chef-d'œuvre de l'art. La transfiguration de l'âme par Notre-Seigneur Jésus-Christ, possède cette beauté ; elle en porte au front le magnifique diadème, diadème qui n'excite pas l'envie, aussi bien nous pouvons et nous devons le porter tous.

C'est à reconnaître le fait de la beauté morale de l'âme transfigurée chrétiennement que nous allons appliquer l'attention de nos esprits dans cet entretien dont voici l'ordre et le partage. Nous verrons la beauté de la transfiguration chrétienne premièrement dans son type ou son modèle ; secondement dans les éléments qui la constituent ; et troisièmement dans ce qu'elle coûte à acquérir et à conserver.

PREMIER POINT.

Le type, ou le modèle de la transfiguration de l'âme, c'est Notre-Seigneur Jésus-Christ, qui en trace aussi la loi et qui communique la force de la pratiquer. Dès lors qu'il unissait notre nature à sa personne divine et qu'il voulait bien passer quelques années ici-bas dans les conditions de l'existence humaine, évidemment il devait être notre modèle, et il l'a été. *Je vous ai donné l'exemple*, disait-il, *afin que vous fassiez comme j'ai fait ; suivez-moi*, suivez ma trace ; elle est la voie où il faut entrer, où il faut marcher, où il faut persévérer. Voilà pourquoi l'apôtre saint Paul, docile à cette haute leçon, disait aux fidèles : *Ce n'est pas moi qui vis, c'est le Christ qui vit en moi ; soyez mes imitateurs, comme je suis le sien ; répandons par nos actions la bonne odeur de ses vertus ; que ses sentiments soient les vôtres ; — Sentite in vobis quod in Christo Jesu* (1). Voilà pourquoi, dès les premiers jours de l'Église, s'établissait la maxime qu'un chrétien est un autre Christ : *Christianus alter Christus*. Voilà pourquoi saint Basile enseignait que la vie du chrétien doit être appliquée sur celle de Jésus-Christ pour prendre et porter son empreinte, comme la cire prend et porte celle de la statue sur laquelle on l'applique : *Sicut cera sculpturæ*.

Or, la beauté morale de Notre-Seigneur n'est-elle pas évidente, et d'ailleurs magnifique ? Des hommes se sont rencontrés, et il s'en rencontre quelquefois encore, qui n'ad-

____

(1) S. Paul *aux Philipp.*, c. II, v. 5.

mettent pas son existence avant tous les siècles. Pour ne pas réfléchir assez à toutes les
preuves qu'il a fournies de sa divinité, ils se
refusent à la reconnaître et à la confesser.
Mais, par une inconséquence dont ils ne s'a-
perçoivent pas, et qu'ils ne sauraient du reste
éviter, ils admirent, ils exaltent, ils bénissent
sa vie ; ils avouent et proclament qu'aucune
personnalité ne se montre dans la suite des
siècles qui puisse soutenir le parallèle avec la
sienne, ou seulement le permettre ; que tout
ce qui est grand, élevé, devient petit et ordinaire en face de lui ; qu'il est le mérite par
excellence, l'idéal de la perfection ; que la
pensée ne peut rien ajouter à la taille de ses
sentiments, de ses paroles et de ses œuvres ;
qu'il est un soleil dont la splendeur n'est af-
faiblie par aucune tache, et qui réjouit de
ses ineffables clartés, le monde des intelli-
gences.

En effet, la beauté morale c'est d'être et

de faire, en toute circonstance, ce qu'en toute
circonstance l'on doit être et l'on doit faire ;
et si le bonheur de l'homme réside dans l'accomplissement de son devoir, sa beauté morale résulte de ce même accomplissement ;
les proportions de l'accomplissement sont
celles de la beauté ; elle monte ou baisse,
augmente ou diminue avec lui ; lorsqu'il atteint le degré suprême, elle est parfaite. Eh !
bien, il est incontestable que notre divin Sauveur a dépassé toutes les cîmes de la vertu et
qu'il l'a pratiquée à une hauteur au-delà de
toute mesure. Aussi bien, quelle piété dans
sa vie entière ! Comme il est perpétuellement
occupé de la pensée de Dieu, des droits de sa
majesté, des actes de sa miséricorde et de
sa justice ! Quel empire sur ses passions,
comme ni les joies, ni les tristesses ne le dominent ! Comme les persécutions, les injustices et les souffrances restent, malgré leur
violence, au-dessous de son courage, de sa

résignation et de sa patience ! Quelle n'est pas sa charité ! Comme il pardonne à ceux qui lui font du mal ! Comme il est dévoué aux nécessités et aux misères, soit spirituelles, soit corporelles de l'humanité ! Comme il se montre affranchi de tout intérêt propre, ce qui est le comble de la vertu !

Regardons un instant à cette beauté morale du divin Maître. Elle rayonne dans le choix qu'il fait d'une crèche pour sa naissance, de la demeure d'un artisan pour son habitation, d'un travail manuel pour sa subsistance afin de consoler, de relever, d'honorer le dénuement, la condition des classes ouvrières, et de toutes celles qui ne sont pas favorisées de la fortune. Elle rayonne lorsqu'il dit : *Je ne suis pas descendu du ciel pour être servi, mais pour servir, l'oiseau a son nid, le renard sa tanière, le Fils de l'homme n'a pas où reposer sa tête.* Elle rayonne lorsqu'il dit : *Pardonnez à votre frère, non pas sept fois, mais septante fois sept fois,* c'est-à-dire toujours ; *Que le soleil ne se couche jamais sur votre colère* ; lorsque vous êtes au pied de l'autel, au moment de faire votre offrande, s'il vous souvient que votre frère a quelque chose contre vous, *laissez là votre offrande, allez d'abord vous réconcilier avec lui ; je veux la miséricorde avant le sacrifice.* Elle rayonne lorsqu'il dit : *Je ne suis pas venu chercher les justes mais les pécheurs, il y a plus de joie au ciel pour la conversion d'un seul de ces derniers que pour la persévérance de quatre-vingt-dix des autres ; Que celui qui est innocent jette la première pierre,* à la faute si certaine qu'elle soit ; et lorsqu'il dit à cette faute, *Personne ne vous a condamnée, je ne vous condamnerai pas non plus, allez, cessez d'oublier Dieu.* Elle rayonne lorsqu'il dit à ses disciples qui lui demandent de faire tomber le feu sur une ville qui lui ferme ses portes : *Vous ne savez pas de quel esprit vous êtes, je ne suis pas venu*

pour détruire mais pour réédifier, pour restau-
rer. Elle rayonne lorsqu'il leur dit que *le
monde les reconnaitra pour ses disciples à l'affec-
tion, au dévouement qu'ils auront les uns pour
les autres, que le premier d'entre eux sera celui
qui fera le plus de bien à ses semblables* ; lorsqu'il leur répète de s'aimer réciproquement
de tout leur cœur, que *c'est là son commandement à lui*, lorsqu'il conjure son Père d'unir
par les liens de la plus ardente charité, tous
ceux qui croiront en sa parole. Elle rayonne
lorsqu'il pleure sur Jérusalem à la vue des
calamités qui vont fondre sur elle parce qu'elle
n'accepte pas sa visite, lorsqu'il annonce à
ses apôtres qu'ils l'abandoneront tous, lorsqu'il reçoit le baiser traître de celui qui l'a
vendu à ses ennemis, lorsqu'il reprend le
valet qui vient de le frapper brutalement au
visage, lorsqu'il parle aux femmes qu'il rencontre sur le chemin du Calvaire et qui pleurent en le voyant chargé de sa croix ; enfin

lorsqu'au milieu des insultes et des impré-
cations dont il est si injustement l'objet durant son supplice, il prie pour ses bourreaux.

Le Prophète l'avait contemplé à travers les
siècles et l'avait appelé *le plus beau des enfants
des hommes*. Le plus beau pour le corps ; le
sien, n'ayant pas dû subir les diverses altérations infligées aux nôtres, à la suite de la
révolte primitive, avait assurément une forme,
une distinction, une noblesse particulières ;
le plus beau des enfants des hommes pour la
conduite, il n'y a rien à reprendre dans ses
actions, on n'y découvre ni ombre, ni tache,
tout y est simple et sublime en même temps,
d'une perfection aussi achevée qu'inconnue
au monde, perfection qui n'est pas inventée à
plaisir, parce que, vous le savez bien, ce n'est
pas ainsi qu'on invente, et que l'inventeur
serait encore plus grand que le héros. Il a été
le plus beau des enfants des hommes, aucun n'a
jamais agi, ni parlé comme lui ; *Speciosus forma*

præ filiis hominum (1) ; — *Nunquam locutus est homo sicut hic* (2).

Or, cette beauté, la transfiguration chrétienne de l'âme la fait voir en elle, bien imparfaitement sans aucun doute, mais en réalité. Elle 'n'existe, elle ne peut exister qu'à ce prix, et tout homme qui travaille, comme c'est le devoir de chacun de nous, à être transfiguré en Notre-Seigneur, est un peintre qui s'applique à copier, à reproduire vivante par ses actions, la conduite de cet adorable Sauveur, en s'efforçant d'approcher chaque jour de plus en plus de la ressemblance, de le porter incarné dans ses pensées, dans ses sentiments et dans ses actes, de telle sorte qu'on puisse dire que le Christ s'est fait homme en lui ; *Et Homo factus est*. La beauté morale de la transfiguration de l'âme est donc manifeste sous le rapport du modèle

(1) Ps. XLIV, v. 3.
(2) S. Jean, c. VII, v. 46.

qu'elle imite ; elle ne l'est pas moins sous le rapport des éléments qui la constituent.

DEUXIÈME POINT.

La beauté c'est la splendeur du vrai, de même que la bonté ou ce qui est bon, est le résultat de la vérité. Car le malheur, c'est l'erreur appliquée ou réalisée, et nous avons tous la conviction que l'homme qui se trompe, ne saurait le faire impunément pour son bien-être. Mais le vrai d'où découlent ainsi tous les intérêts de l'homme, qu'est-ce ? Évidemment la pensée de Dieu. Où se trouve-t-elle ? Dans l'Évangile qui est la conclusion pratique et dernière de toute la Sainte-Écriture. Donc, une action est belle lorsqu'elle est conforme à l'Évangile. Ah ! pour que la persuasion de cette vérité fût en nous vive et profonde, il suffirait de détacher de la collection si merveilleuse et qui s'augmente chaque jour, des fidèles canonisés, quelques tableaux, c'est-à-dire quelques vies, par exemple celles de sainte Clotilde, de saint Louis, de saint Ferdinand, de sainte Élisabeth pour commencer par les rangs supérieurs socialement parlant ; celle de sainte Geneviève et de tant d'autres aussi peu distinguées sous le rapport de la naissance ; car il y a eu des saints de toutes les conditions, tous les hommes étant appelés à la transfiguration de leur âme sur cette terre, et après cette terre à son éternelle glorification. Que de beautés morales alors nous aurions à louer et à bénir !

Toutefois si l'intervention de l'Évangile comme principe ou règle de la beauté morale, vous semble résoudre la question d'une manière trop prompte et trop décisive, nous pouvons, par une voie qui est la même au fond, mais que personne ne peut récuser, aboutir au même résultat. Nous avouerons facilement que la beauté de l'âme se trouve dans une conduite conforme à la raison ; aussi bien nous appelons la raison, la lumière par excellence, et nous disons, nous chrétiens, qu'elle est le *Verbe éternel éclairant tout homme venant en ce monde* (1). Or, les parties constitutives de la transfiguration chrétienne sont des doctrines et des actions conformes à la raison humaine, elles sont la raison réfléchie et incarnée, ayant pris mouvement et vie.

En effet, de quels éléments se trouve composée la transfiguration chrétienne ? L'âme qui la possède, après s'être dégagée de toutes fautes, lesquelles ne sont que des négations, s'établit dans l'humilité, dans l'esprit de pauvreté, dans la pureté et dans les vertus qui sortent de celles-là, si bien que la transfiguration chrétienne est la réunion et l'ensemble de toutes les vertus. Or, qui oserait sou-

(1) S. Jean, c. 1, v. 9.

tenir que les vertus ne sont pas conformes à
la raison, qu'elle ne les commande pas, qu'elle
ne les glorifie pas ? Dites, s'il n'est pas conforme à la raison que les biens que nous pos-
sédons soient rapportés à Dieu, comme à leur
véritable auteur ; que nous ne soyons pas
épris de ces biens au point d'y attacher notre
destinée qu'ils ne renferment pas, autrement
Dieu ne les aurait refusés à aucun des hommes. Dites, s'il n'est pas conforme à la raison
que la richesse, la science et l'illustre origine ne s'enorgueillissent pas d'elles-mêmes,
comme si leur nature était plus digne ; que la
naissance cherche sa grandeur plus dans le
présent que dans le passé, plus dans ce qu'elle
fait que dans ce qui a été fait avec le nom
qu'elle porte ; et toutes les trois, dans leur
conduite et leurs actions avant tout, se regardant d'autant plus obligées à vivre honora-
blement que, se trouvant plus en vue par l'é-
tat de leur distinction, elles deviennent des

exemples pour le bien ou pour le mal. Dites,
s'il n'est pas conforme à la raison que la modestie, comme un voile propice, tempère l'é-
clat de toute supériorité et la rende suppor-
table aux yeux de ceux qui ne l'ont pas en
partage ; que les relations avec le prochain
soient pleines de paix, d'indulgence, d'intérêt, de bienveillance ; que le mensonge, la
duplicité, l'hypocrisie en soient bannis, et
que les services sincères et réciproques les
animent. Dites, s'il n'est pas conforme à la
raison de respecter la propriété d'autrui, celle
de l'ordre moral non moins que celle de
l'ordre matériel, comme nous entendons qu'il
respecte la nôtre ; que l'on s'abstienne de
toutes pratiques, plus ou moins secrètes,
mais très-efficaces, d'arriver promptement à
une grande fortune par le mépris de toute
espèce de droit et en société avec des gens
de toute espèce. Dites, s'il n'est pas conforme
à la raison de préférer l'état de gêne et même

de dénuement, à celui d'une brillante aisance acquise au moyen d'une habileté oblique au jugement de la conscience ; de ne pas
afficher, si riche que l'on soit, un luxe effréné ; de ne pas placer son bonheur et sa
gloire dans la forme, dans la couleur d'un
vêtement, dans l'éclat d'une parure, dans
la pompe des ameublements, dans les agitations fébriles d'une fête et d'un spectacle.
Dites, s'il n'est pas conforme à la raison de
soutenir ce qui est faible, d'assister ce qui
souffre, de compatir à ce qui est désolé, d'être
honnête dans les discours, dans les divertissements, de porter dans les regards, dans
l'attitude et le maintien, dans tout l'extérieur
une effusion de décence pudique qui témoigne que l'on n'est pas l'esclave des appétits
sensuels. Dites, s'il n'est pas conforme à la
raison de tenir pour sacrés, dignes de tout
respect et d'une soumission absolue, les engagements par lesquels deux êtres appelés

à vivre ensemble dans les liens du mariage,
se donnent l'un à l'autre de telle sorte que
chacun s'abdique, transmet sa personne,
en transmet la possession et le domaine. Dites, s'il n'est pas conforme à la raison que
sur le théâtre officiel de la chose publique,
ceux qui sont chargés de l'administrer,
jouissent d'une considération entière et mé-
ritée et qu'ils ne puissent pas bénéficier du
scandaleux propos mis en circulation depuis
quelque temps, à savoir, qu'un fonctionnaire
ne doit compte à la société que de son
talent, qu'elle n'a pas à lui demander de la
considération, et que pourvu qu'il remplisse
bien sa charge, sa manière de la remplir,
ainsi que sa moralité importent peu et même
n'importent pas du tout.

Ah! elle est belle la vie qui, avec tous les
avantages de la jeunesse, avec l'éclat du visage, avec des qualités corporelles que le
péché d'origine paraît n'avoir en rien, ou que

peu dégradées, avec tout ce qui attire, commande et fixe l'attention, ne se doute même
pas de ce qui la distingue, ne se montre
jamais occupée de faire penser à elle, d'ex-
citer dans les esprits à son sujet, des idées
étranges, et dans les cœurs des sentiments
audacieux ! Elle est belle la vie qui, par la
puissance qu'elle possède, n'aurait qu'à
vouloir pour obtenir tout ce que la nature
humaine peut convoiter en ses aveuglements,
tout ce que l'imagination, à travers son
prisme d'illusions, peut rêver de satisfactions
et assurer de jouissances, jouissances, satisfactions généralement désirées, s'abstient de
cette volonté, s'efforçant de faire taire les convoitises, de briser les tableaux de l'imagination, de souffler sur les songes et les folies !
Elle est belle la vie qui, placée dans les
occasions d'avoir des trésors par des marchés
ou des concessions qu'on n'oserait avouer,
tant ils sont injustes, non-seulement ne pro-

fite pas de ces occasions, mais les repousse, indignée et outragée de ce qu'elles l'ont crue capable de mettre à profit leurs avances ! Elle est belle la vie pleine de bonté, de respect même à l'égard du prochain, qui voit en lui un frère, si éloigné qu'il se trouve d'elle par la diversité des conditions, et qui, dans toutes les relations qu'ils ont ensemble, se conduit avec une loyauté, une délicatesse, une honnêteté parfaites, donnant toutes les garanties désirables de véracité dans les paroles et de probité dans les affaires ! Elle est belle enfin la vie qui, touchée des désolations et des souffrances de l'infortune, s'occupe de la secourir, lui prodigue soit des avis, soit des consolations, soit des ressources matérielles ; qui, par les visites qu'elle lui fait, la rend honorable à ses propres yeux : oui, elle est belle cette vie aimée de la terre et du ciel, qui regarderait comme perdues en partie ou en totalité, les journées passées dans le désœu-

vrement, dans des promenades ou des relations pour tuer le temps comme on dit, et
durant lesquelles, pas la plus petite assistance n'arriverait par ses soins, à la misère
et au dénuement!

La conscience publique décerne à ces vies,
que nous venons de signaler et à d'autres
encore que nous pourrions vous montrer,
la couronne et la gloire de la beauté morale.
Nous disons la conscience, c'est le véritable
nom de l'opinion publique, de celle qui est
souveraine, qui passe à travers les âges sans
varier ni défaillir, qui ne formule pas ses
jugements d'après les désirs de quelques
hommes à plaindre on ne peut plus, pour
lesquels, le sens moral ayant cessé de vivre
en eux, tout est vrai et tout est faux; tout
est bien et tout est mal; tout est laid et tout
est beau; révélant ainsi ce qu'ils pensent, ce
qu'ils éprouvent et ce qu'ils font. Mais l'opinion légitime ou la conscience publique

prononce des sentences en juge suprême sur
les actions, leur décernant la beauté ou la laideur, selon qu'elles méritent l'une ou l'autre.

Or, exposez devant la conscience publique
une vie de noble désintéressement, d'équité
parfaite, de généreux dévouement, de moralité irréprochable, est-ce que des voix nombreuses ne l'acclameront pas en disant : « C'est
beau ! » Exposez au contraire devant la conscience publique une vie de cupide avidité, de
trafic malhonnête, de scandaleuse licence, ne
sera-t-elle pas condamnée avec flétrissure
par des voix non moins nombreuses qui
s'écrieront : « C'est laid ! » Elle va plus loin la
conscience publique, et lorsque la laideur
envahit une vie au point de s'en emparer de
plus en plus, elle dit de cette vie qu'elle n'est
pas grand'chose ; et elle dit qu'elle n'est rien
du tout, si la laideur l'envahit entièrement.
Langage populaire, plein de sens et d'une
haute philosophie ; aussi bien le tout, c'est

Dieu : quand on s'éloigne de lui, on s'amoindrit et l'on passe successivement de l'état où l'on est quelque chose, à celui où l'on n'est pas grand'chose, et enfin à celui où l'on n'est rien du tout, comparable alors, selon Notre-Seigneur, « à des sépulcres blanchis dont les apparences sont belles, mais qui n'ont dans leur sein que des cendres et des ossements desséchés, » c'est-à-dire des débris tels quels de l'existence, la vie n'étant et ne pouvant être que par la vérité qui produit la beauté et qui engendre le bien-être ou la félicité.

Il nous reste à reconnaître la beauté de la transfiguration chrétienne dans les efforts que son acquisition et sa conservation imposent.

TROISIÈME POINT.

Il est de principe qu'une action vaut en raison de ce qu'elle coûte et qu'elle est d'autant plus belle que pour la faire, nous avons été obligés à un labeur plus opiniâtre et à de plus grands sacrifices. C'est d'après ce principe que l'art, dont la société pourrait se passer absolument, puisqu'il ne contribue qu'à ses jouissances, l'emporte en valeur sur les industries ordinaires, bien qu'elles fassent partie des nécessités publiques. Voilà pourquoi la vertu, dont le nom veut dire force parce qu'elle ne s'acquiert qu'au moyen de la force, a toujours obtenu la plus haute louange et la couronne la plus brillante. Le Prophète disait : « Où sont les hommes purs d'iniquité, ceux qui méritent la devise de sans reproches? » Ils ont opéré des merveilles, ils ont fait plus que d'arrêter le cours des fleuves, plus que de guérir les infirmités, plus que de ranimer au fond des sépulcres la cendre éteinte des morts. Voilà pourquoi le monde païen a lui-même moins exalté dans ses héros leurs triomphes que leurs vertus, principalement la continence, se vaincre soi-même étant plus difficile que vaincre une armée ; emporter une ville d'assaut étant plus aisé que réduire ses passions et les placer sous le joug.

Or, la transfiguration chrétienne, c'est la victoire sur soi-même, c'est la défaite des mauvaises convoitises ; l'on n'y parvient que par de puissants efforts et de continuels sacrifices. Notre-Seigneur ne l'a pas laissé ignorer : « Celui qui veut m'appartenir, dit-il, *doit porter sa croix,* » en d'autres termes se mortifier. Et ailleurs : « Le chemin du salut *est étroit et escarpé,* » on ne le monte qu'avec peine et fatigue. Et ailleurs : « *Ce n'est pas la paix mais la guerre* que j'ai apportée sur la terre ; » pour être fidèle au devoir, il y a une lutte à soutenir, lutte ardente et incessante. Et ailleurs : « *Le royaume des cieux,* et d'abord celui de la vertu qui est sa condition et sa garantie, *souffre violence, et il faut se la faire pour entrer dans ce double royaume.* »

Comment nous étonnerions-nous de ces oracles? Trois grandes résistances barrent en quelque sorte à l'homme le chemin des vertus de sa transfiguration : il y a sa nature, c'est un torrent à remonter; il y a le monde avec ses maximes et ses scandales, c'est une peste dont il faut se préserver; il y a l'enfer, c'est une bête féroce cherchant à nous dévorer, il faut la contenir. Dans ces conditions, il est bien évident que la transfiguration chrétienne ne s'opère et ne s'obtient que par des volontés énergiques, par de vigoureux efforts, par de continuels sacrifices; et que sa beauté par conséquent est manifeste. Les hommes qui, malgré les faiblesses de leur conduite, ne sont pas indifférents à la vérité ainsi que le rocher à la main qui le touche, confessent cette beauté, ils la célèbrent comme un ensemble d'actions magnifiques; mais ils déclarent d'autre part, qu'elles sont au-dessus des forces de l'homme; que lui en demander la pratique , c'est lui demander l'héroïsme, c'est-à-dire vouloir de lui un état impossible, ou du moins exceptionnel.

Pensées et paroles d'exagération évidente ; aussi bien est-ce que la transfiguration chrétienne de l'âme si difficile et si belle qu'elle soit, n'a pas été et n'est pas encore en nos jours l'état d'une foule d'âmes de tout âge et de toute condition ? Ne compte-t-on pas parmi les vrais chrétiens des riches et des pauvres, des princes et des sujets, des grands et des petits, des savants et des ignorants, des jeunes gens et des vieillards, des célibataires et des personnes mariées, des maîtres et des serviteurs, des habitants des cités et des habitants des campagnes ? Sans doute, l'assistance de Notre-Seigneur leur est indispensable, mais comme elle n'est jamais refusée à qui la désire et à qui la demande par la prière, la transfiguration chrétienne est donc à la portée de tous les hommes. Pour qu'ils la possèdent,

des efforts leur sont nécessaires, c'est vrai,
mais ces efforts, ils peuvent les faire avec la
grâce de Dieu ; des privations leur sont imposées, c'est vrai, mais ils peuvent les supporter ; et c'est dans ces efforts, ces sacrifices
et aussi dans l'ardeur de volonté, de vigilance, d'attention qu'elle nécessite, que
le mérite de la transfiguration chrétienne
éclate et que sa beauté resplendit à tous les
yeux.

Une importante réflexion à faire, c'est que
cette beauté, qui résulte de l'empire que
l'homme exerce sur lui-même, accuse la
présence d'un caractère ferme. De tous côtés
aujourd'hui, on se plaint du dépérissement
des caractères ; l'on déclare qu'il n'y en a
plus et l'on attribue ce dénuement social à
l'absence des principes. Il est certain que
pour la formation des caractères, les principes sont indispensables, que des idées
fermes, des convictions profondes peuvent

seules communiquer d'énergiques résolutions pour maintenir en soi l'unité de conduite jusqu'au sacrifice de toute espèce de bien, de la vie même, s'il le fallait. Les intérêts matériels ne sauraient élever à cette grandeur morale : mobiles, variables, sujets au changement comme ils le sont, ils peuvent produire dans l'âme des agitations vives, semblables aux mouvements des signes qui marquent les vents, ils peuvent même la captiver, mais lui donner la fermeté qui la mette au-dessus de tous les événements, qui la fasse les dominer, leur pouvoir ne saurait aller jusque-là. Le chrétien, ou le tranfiguré en Notre-Seigneur, qui est par excellence le juste du poëte, reçoit de son état religieux une énergie telle que la chute de sa fortune, la perte de sa santé, la privation de sa liberté, la mort elle-même sont incapables de l'abattre, incapables de l'amener à la moindre concession où se trouverait compromis soit la dignité de sa personne, soit l'intégrité de ses croyances, soit la pureté de son honneur. Certes, les martyrs l'ont assez prouvé.

Direz-vous qu'il est des hommes dont la vie atteste qu'ils ne sont pas transfigurés en Notre-Seigneur et qui néanmoins déploient un beau caractère dans des circonstances graves, difficiles, périlleuses, funestes. Sans le contester, sans demander si cette beauté de caractère n'est pas l'effet du tempérament plutôt que de la réflexion, nous nous bornons à répondre que le caractère de ces hommes serait encore plus admirable s'ils étaient transfigurés en Notre-Seigneur, que le disciple de ce divin Maître, à natures égales et dans des situations analogues, leur sera supérieur inévitablement, que son habitude de lutter contre les mauvaises convoitises lui commande et lui donne l'exercice des volontés fortes, indomptables, et qu'il est par là tout naturellement à la hauteur glorieuse du vaillant caractère ; au lieu que les hommes esclaves de leurs passions, se trouvant pour une partie de leur vie dans une faiblesse permanente, ne sauraient avoir la même mesure, ou du moins la même qualité de vigueur et de force d'âme.

Nous aimons en nous la beauté physique, et vous savez de quel amour ! Amour avec les plus vifs regrets de ce qu'elle nous laisse à désirer, et de ce que les années nous en ravissent. Ah ! si nous pouvions nous embellir corporellement, quelle joie serait la nôtre ! Comme nous réparerions les oublis de la nature et les outrages du temps ! Certes, le travail que nous faisons pour cela, si inutile qu'il soit dans les conditions actuelles de notre existence, le proclame assez haut. Pourquoi donc ne pas aimer d'un amour au moins égal, la beauté de notre âme ? Pourquoi donc ne pas regretter les altérations et les pertes de cette beauté ? Pourquoi donc, puisque nous le pouvons, ne pas en corriger les défauts naturels et ne pas en réparer les ravages causés par les passions ! O renversement des choses ! Mettre ce qui est moins au-dessus de ce qui est beaucoup plus ! O misère misérable ! Toutefois ne nous y trompons pas, la beauté morale, la transfiguration de l'âme est si nécessaire que si nous avions le malheur de ne pas la posséder à notre sortie de cette terre, le partage de la béatitude de Notre-Seigneur nous serait à jamais refusé ! Entendez l'apôtrs saint Paul : *Dieu n'a préparé à la gloire que ceux qu'il a vus conformes à son Fils.* Nous nous enlaidissons tout à notre aise présentement et il en est parmi nous dont la laideur est ancienne et si grande qu'ils ne pourraient en soutenir le spectacle s'ils voulaient se regarder un instant dans le miroir de la vie du divin Maître, leur modèle. Qu'ils aient soin, grand soin de ne pas emporter avec eux

cette laideur lorsqu'ils descendront au tombeau.

Charitable Sauveur! préservez-nous tous
de ce malheur aussi affreux qu'irréparable,
et aussi irréparable qu'affreux. Accordez-nous,
pour y échapper, la grâce de cesser de ren-
voyer à un temps qui ne nous sera peut-être
pas donné, la réhabilitation spirituelle de
nos âmes, leur transfiguration en Vous et
par Vous; que nous sortions enfin de nos
laideurs; que nous redevenions beaux comme
nous l'avons été plusieurs fois en notre vie;
que nous ne perdions plus jamais cette salutaire beauté; que nous l'augmentions au
contraire avec soin et amour; que nous la
dégagions de tout ce qui pourrait ternir,
si peu que ce fût, son radieux éclat. Sans
doute, elle ne sera jamais que commencée
ici-bas et ce n'est qu'au ciel auprès de vous,
Seigneur, qu'elle aura sa plénitude; alors
elle sera parfaite, et parfaits aussi le repos

et la félicité qui la récompenseront. Qu'elle soit donc notre partage à tous, cette beauté précieuse et si nécessaire !   Amen.

LA ROYAUTÉ ET L'EMPIRE

DE NOTRE-SEIGNEUR JÉSUS-CHRIST

LA ROYAUTÉ ET L'EMPIRE

DE NOTRE-SEIGNEUR JÉSUS-CHRIST

AUTEUR DE LA TRANSFIGURATION DE NOS AMES

> *Ecce Rex tuus venit tibi mansuetus.*
> Voici votre Roi, il vient à vous plein
> de douceur.
>
> (S. MATTH., ch. 21, v, 5.)

SIRE,

Notre-Seigneur a voulu que pendant sa Passion même, son titre de Roi fût proclamé et à plusieurs reprises. Les Juifs l'accusent au tribunal de Pilate de s'être déclaré Roi, Pilate sur cette accusation lui demande : *Etes-vous Roi*; il répond : *Vous l'avez dit, je suis Roi*. La soldatesque à laquelle il a été

abandonné pour la flagellation, poussant la
cruauté plus loin qu'elle ne lui a été prescrite,
enfonce sur la tête du Christ une couronne
d'épines, met dans ses mains un roseau,
jette sur ses épaules un lambeau de pourpre,
se prosterne et lui dit avec dérision : *Roi,
je te salue*. Pilate, ne pouvant arrêter l'a-
veuglement de la foule qui, sous l'influence
de criminelles obsessions, demande qu'il
soit crucifié, répond : *Je crucifierais votre Roi ?*
— *Nous n'avons pas d'autre Roi que César*, s'é-
crient des voix furieuses, que *celui-là soit
crucifié*. Lorsque l'injustice l'emporte, et
qu'il est attaché à la croix, au-dessus de sa
tête, Pilate fait écrire en langue latine, langue de la force ; en langue grecque, langue
de la philosophie ; en langue hébraïque,
langue de la religion, c'est-à-dire dans les
idiomes du monde entier : *Roi des Juifs*. Les
Scribes et les Pharisiens accourent auprès de
ce gouverneur romain, ils lui disent de

changer l'écriteau et de ne pas mettre *Roi des Juifs*, mais *qu'il s'est proclamé Roi des Juifs.* La lâcheté de Pilate, se changeant tout-à-coup en énergie invincible, les renvoie avec ces paroles : *Ce que j'ai écrit doit rester écrit : Quod scripsi, scripsi, Rex Judæorum* (1).

Roi des Juifs, en même temps Roi des Grecs, Roi des Romains ; leurs langues ont été employées exprès pour qu'ils le sachent Roi de tous les lieux et de tous les siècles ; Roi d'un empire qui ne sera limité ni par les fleuves, ni par les montagnes, ni par les océans, ni par les déserts ; Roi de mansuétude et de douceur pour transfigurer l'homme partout et toujours et lui faire recouvrer ses immortelles destinées. Cet empire immense et impérissable se nomme l'Église. Il faut considérer aujourd'hui quelle est la constitution qui la gouverne, quelle est la loi qui la régit

(1) S. Jean, c. XIX, v. 22.

et quels sont ses moyens d'actions. C'est tout le dessein de ce discours.

PREMIER POINT.

Quelle est la constitution de l'Église? Notre-Seigneur est au milieu de ses disciples revenus de la prédication dont il les avait chargés pour les populations de la Judée et de la Galilée ; devant bientôt retourner à son Père, il veut fonder son Église, lui donner une forme, une manière d'être, une constitution. Parmi ses disciples, il en sépare douze qu'il appelle *Boanerges*, enfants du tonnerre, soit parce qu'ils auront la mission d'annoncer les volontés du Maître du tonnerre, soit parce que leurs mains seront armées des foudres spirituelles contre les oppositions de l'orgueil et de la mauvaise foi. Entre ces douze apôtres il en choisit un auquel il donne la primauté d'honneur et de juridiction, et qu'il met à la tête de son empire.

Cette fondation de l'Église est un événement trop capital pour vous en donner seulement le résumé, il faut vous y faire assister. Notre-Seigneur interroge ses Apôtres sur ce qu'ils ont entendu dire de lui dans les pays qu'ils ont parcourus, ils répondent : « Les uns disent que vous êtes Jérémie ou un autre prophète, il y en a qui veulent que vous soyez Jean-Baptiste ressuscité. » « Et vous, leur demande le Sauveur, quelles sont vos pensées ? » Lorsqu'il s'agit de rapporter les sentiments des peuples, tous les Apôtres répondent, selon la remarque de saint Jean Chrysostôme, mais quand il s'agit de leurs propres sentiments, c'est saint Pierre qui parle et qui s'écrie : *Vous êtes le Christ, le fils du Dieu vivant.* Notre-Seigneur lui adresse alors ces mots sacrés et solennels : *Pierre, mon Père vous a révélé ce que vous venez de proclamer*, si vous aviez écouté les pensées de votre nation dans lesquelles vous avez été élevé et vous avez vécu, *jamais vous n'auriez parlé comme vous venez de le faire.* Eh ! bien, *moi je vous déclare que vous êtes pierre, que sur cette pierre je bâtirai mon Eglise et que les portes de l'enfer ne prévaudront pas contre elle.*

A cette confession de foi, Jésus-Christ veut que son Apôtre joigne la confession d'amour. Il lui dit donc dans une autre circonstance : *Pierre, m'aimez-vous ?* Pierre répond : *Oui, Seigneur, je vous aime.* Alors, *paissez mes agneaux,* les fidèles qui croiront en moi. *Pierre, m'aimez-vous,* demanda Notre-Seigneur une seconde fois ? *Oui, Seigneur, je vous aime.* Alors, *paissez mes agneaux.* Mais *Pierre, m'aimez-vous plus que m'aiment les autres apôtres ?* Pierre, pénétré des leçons d'humilité qu'il a reçues et des exemples qu'il en a sous les yeux, répond : *Seigneur, vous voyez le fond des cœurs, vous savez que je vous aime.* Eh! bien, reprend Notre-Seigneur, *paissez les brebis en même temps que les agneaux,* paissez les mères en même temps que les petits, paissez tous les pasteurs et tous les troupeaux, de sorte qu'il n'y ait qu'un pasteur et qu'un troupeau.

Voilà quelle est la constitution de l'Église : les disciples et à leur tête les Apôtres, les Apôtres et les disciples et à leur tête saint Pierre. Le même ordre pour toute la suite des siècles jusqu'au dernier ; le Pape, les Évêques, les autres ministres de la hiérarchie sacerdotale et les simples fidèles. Cet état politique de l'empire chrétien est immuable. Nulle puissance, n'importe sa nature, force ou idée, n'a le droit de le changer. Pourquoi donc? Parce qu'il est de Dieu immédiatement ; il n'en est pas ainsi de l'état politique des empires civils. Dans le gouvernement de l'Église, l'autorité et la forme de

l'autorité sont de Dieu directement, c'est
Notre-Seigneur Jésus-Christ qui les a établies. Dans les gouvernements civils, l'autorité est de Dieu sans doute, ainsi j'ai
l'honneur de parler devant une Majesté de
droit divin, mais la forme de cette autorité
n'est pas de Dieu expressément. Elle est des
hommes qui peuvent la changer sous prétexte
ou pour cause d'amélioration; c'est en ce
sens que le Prophète dit que *Dieu a livré le
monde aux disputes des hommes*, et il faut
avouer qu'ils usent largement de la permission. Depuis l'ère chrétienne, les modifica-
tions politiques des États en Europe pour ne
parler que d'elle, ont été assez nombreuses et
elles ont assez donné le spectacle de ces
grands bouleversements où dans les scènes
qui se jouent, les principaux rôles ne sont pas
toujours remplis par l'honneur, par la loyauté
et par la justice.

Au contraire, depuis cette même époque

et durant les dix-huit siècles qui ont suivi, la
constitution de l'Église est restée la même.
Ce n'est pas que l'homme plein d'ardeur pour
les changements, et qui changerait s'il le pouvait, la terre, le ciel, toute la création, ne
fût-ce que pour avoir du nouveau sous les
yeux, n'ait essayé d'introduire des changements dans cette constitution ; et ce qui est
plus, qu'il n'ait essayé de la renverser. Elle
n'a pas été moins attaquée par les pensées de
son orgueil révolté, que le vieux rocher des
bords de la mer par la fureur de ses flots ;
mais elle n'est pas restée moins ferme et
moins inébranlable que lui. L'orgueil, con-
tenu dans cette constitution divine comme
dans un cercle de fer, a tenté mille fois de le
briser, il l'a tenté en vain. Sans doute il a pu
en sortir et s'en aller emportant avec lui
quelques lambeaux de la doctrine, c'est ce
qu'a fait l'hérésie, c'est ce qu'a fait le
schisme. Quant au cercle, il est demeuré in-

tact, et il l'est autant aujourd'hui que jamais. Des hommes en grand nombre joindraient leurs efforts pour le frapper avec les marteaux de la plus puissante destruction, qu'ils ne lui feraient pas la moindre entaille. La main de Dieu le couvre, elle l'a couvert et le couvrira toujours contre les attaques des novateurs qui ne cesseront pas d'apparaître, parce que la nature de l'homme, dans son besoin du bonheur et dans son impuissance de se le procurer pleinement, répugne à la fixité et combat à outrance qu' la lui impose.

Quelle grandeur ! quelle beauté pour le vaste empire chrétien dans cette constitution, il en reçoit bien plus que cela, il en reçoit la vie ; car elle lui conserve l'unité de croyance, l'unité de morale, l'unité de culte parmi ses innombrables sujets ! Si éloignés qu'ils soient les uns des autres par la distance des lieux et placés d'ailleurs sous des gouvernements d'institutions diverses, ils ne forment qu'un peuple, ils ne forment même qu'une famille, unis qu'ils sont entre eux par les liens qui les rattachent au même centre et à la même autorité.

La légitime indépendance de l'empire chrétien n'est pas moins assurée par sa constitution qui le préserve de toute servitude. Il n'accepte les idées personnelles de qui que ce soit, pas plus du sacerdoce que des simples fidèles, pour ce qu'il doit croire, aimer et faire. Il le tient exclusivement de Notre-Seigneur Jésus-Christ qui l'a lui-même enseigné, qui l'a confié à ses apôtres lesquels l'ont transmis à leurs successeurs immédiats, et ainsi de successeur en successeur jusqu'à ce jour, sans variation aucune. Que l'État soit dans l'Église ou que l'Église soit dans l'État, peu importe : ce qu'il ne faut pas oublier, c'est que leurs attributions sont différentes, tout en ayant le même but, à savoir le bonheur de l'homme. Lorsque

l'Église fait avec l'État des traités où leurs
intérêts respectifs et communs sont réglés.
elle est heureuse de cet accord, elle en remercie Dieu ; elle en bénit les princes. Si
l'État au contraire veut lui être étranger et
qu'elle lui soit étrangère, elle accepte la situation, usant de son droit d'enseigner le
monde. Lui refuse-t-on ce droit ? Comme elle
n'a pas celui de manquer à son devoir qui est
de prêcher la vérité, elle la prêche, malgré
les défenses et les menaces, obligée qu'elle
est d'obéir à Dieu plutôt qu'aux hommes ;
l'on ne peut pas plus lier sa langue qu'enchaîner le rayon du soleil, dit saint Jean
Chrysostôme. Mais elle respecte toujours l'autorité qui la persécute, elle remplit fidèlement tous ses ordres, à la seule exception de
ceux qui exigent le sacrifice de ses croyances
et de sa liberté d'enseigner. Tertullien ne
disait-il pas aux Empereurs de son temps :
« Descendez dans vos prisons, s'y trouve-t-il

quelques-uns des nôtres ? Non ; ou bien ils n'y sont que comme chrétiens. N'avez-vous pas sujet de vous applaudir de nous? Les revenus publics ne se sont-ils pas accrus depuis que nous existons, à cause de notre exactitude à payer l'impôt ? »

Jusqu'à la fin du monde, la constitution de l'empire chrétien demeurera sans changement. Le Pape, de cette heure suprême et qui sera le dernier, se réunissant à ses prédécesseurs dont les uns auront habité des palais, les autres des catacombes et des prisons momentanément, ceux-là des maisons ordinaires, ceux-ci peut-être des couvents, tous, Pierre marchant à leur tête, s'approcheront du trône de l'adorable Sauveur et ils lui diront : *Nous avons gardé le dépôt.* Voyons maintenant la loi qui régit l'Église.

SECOND POINT.

Elle est parfaite la loi de l'empire chrétien, et si parfaite qu'on ne peut en concevoir une qui lui soit supérieure ou même égale. Elle ennoblit l'homme en l'élevant à un état de grandeur immense ; en même temps qu'elle fait sa gloire, elle fait son bonheur ; si sa pratique était générale, plus de la moitié des maux qui affligent l'humanité disparaîtrait aussitôt, et l'autre moitié, sans disparaître entièrement, diminuerait dans une salutaire mesure. La civilisation véritable, dont on affirme tantôt le progrès, tantôt la décadence, à laquelle on rattache la félicité des peuples, appartient incontestablement à cette loi qui est incontestablement sa cause ou son principe. Les législateurs n'ont rien de mieux à faire que de s'inspirer de ses pensées et de ses sentiments, que de reproduire ses règles et ses ordres, que de formuler ses désirs et ses conséquences pratiques. Elle fut gravée dans le cœur de l'homme au moment où il naquit ; plus tard elle devint visible sur les tables matérielles où elle fut écrite par le comman· dement de Dieu. Notre-Seigneur Jésus-Christ la restaura, la purifia et l'étendit. Un mot l'exprime : Tu aimeras, *diliges*. Deux articles suffisent à l'énoncer : *Vous aimerez Dieu, vous aimerez votre prochain.*

Il est facile de justifier les propositions que nous venons d'émettre, à savoir : premièrement, que la loi de l'empire chrétien honore l'homme et l'empêche de se dégrader ; secondement, qu'elle fait son bonheur ; troisièmement, qu'elle est la mère de la vraie civilisation ; quatrièmement, qu'aucune loi ne saurait la valoir. Comprenons-le : et d'abord, la loi de l'empire chrétien honore l'homme en le plaçant à un degré d'étonnante dignité. Qui ne sait que l'amour rapproche les êtres qui le ressentent les uns pour les autres; il établit entre eux une espèce d'égalité, si bien que ceux qui sont d'un rang supérieur, sans en descendre, y font monter ceux d'un rang inférieur, par la communauté des sentiments. Quand donc Dieu non-seulement permet, mais demande à l'homme de l'aimer, en l'assurant d'ailleurs de son propre amour, est-ce que l'homme alors n'est pas exhaussé jusqu'à une certaine égalité avec Dieu? Ne devient-il pas participant de ce que Dieu possède, autant sans doute qu'il peut y participer? L'homme peut-il être grandi davantage? Mais si l'homme a la conscience de cette dignité, comme il doit l'avoir, n'est-il pas protégé, dans la mesure où elle est en lui, contre l'indignité de la conduite? Plus un homme est élevé à ses propres yeux, plus il est éloigné de mal faire; c'est par comparaison la position de celui qui se trouvant sur une cime haute et perpendiculaire, éprouve une horreur d'autant plus grande de se précipiter, que sa chute serait plus sûrement mortelle. L'amour de Dieu plaçant l'homme aussi haut que possible, s'il a le sentiment que la loi de l'empire chrétien lui donne de cette élévation, tout ce qui est bas, honteux, malhonnête lui inspirera de l'effroi, du dégoût et de l'éloignement.

Secondement, la loi de l'empire chrétien fait le bonheur de l'homme. Il vit avec ses semblables ; il a besoin d'eux, ils ont besoin de lui ; il a son droit, ils ont le leur ; son droit de possession et son droit d'indigence ; mêmes droits pour eux. Or, que réclame le bonheur de l'homme? Que son droit soit respecté, que nul tort ne lui soit fait dans ce qui lui appartient, réputation, fortune et autres biens. Que réclame-t-il d'autre part pour son bonheur? Que si ses besoins d'existence ne sont pas pourvus

suffisamment par lui-même et ne peuvent
pas l'être, assistance, aide, secours lui soient
donnés dans la proportion où ils lui sont
nécessaires, et dans celle où il est possible de les lui fournir. En d'autres termes,
l'homme vivant en société ne saurait être
heureux, s'il n'a ni la justice pour le protéger, ni la charité pour le secourir. Oui, le
délaissement d'une part et l'iniquité d'autre
part empoisonneraient, tour à tour et quelquefois en même temps, son existence. Eh !
bien, ces deux vertus la probité et la pitié,
la justice et la charité prescrites par la loi
de l'empire chrétien, composent le bonheur
de l'homme dans sa vie sociale, laquelle est
réclamée par les diverses conditions de sa
nature et par la nature de sa destinée. Sans
doute pour l'accomplissement de la loi de
l'amour fraternel, nous ne sommes pas obligés au partage de notre condition de fortune
avec notre semblable. Ce partage, rêve

d'esprits chimériques n'est pas possible ; et si, par des combinaisons dont les expédients pacifiques du moins, sont encore à trouver, on parvenait à le réaliser, sa durée ne serait pas celle d'un jour. Les plus empressés à fonder cette égalité seraient les premiers et les plus ardents à la détruire.

Troisièmement, la loi de l'empire chrétien est le principe de toute civilisation. Où placez-vous la civilisation d'un peuple? Dans son bien-être matériel par la science, par l'art, par l'industrie? Ce n'est pas en cela que réside le principe de la civilisation véritable. Le bien-être peut en faire partie comme effet, mais non comme cause. Et la preuve c'est que la décadence d'un peuple commence toujours aux époques où il atteint la cîme du bien-être matériel. Quel est donc le principe de la véritable civilisation? D'où surgit-elle? Quelle est sa source? Elle sort de l'union des citoyens entre eux. Notre-Seigneur l'a dit : *Tout royaume divisé ne saurait durer* ; par conséquent tout royaume uni doit subsister ; la division amène l'anarchie, la ruine et la mort ; l'union produit l'accord, la prospérité, la vie. Un peuple est comme une vaste machine qui a de nombreux organes, des organes de toute espèce, l'organe de l'autorité et l'organe de la sujétion, l'organe de la fortune et l'organe de la pauvreté, l'organe de la jouissance et l'organe du travail, l'organe de la force et l'organe de la faiblesse, l'organe du commandement et l'organe de l'obéissance. Tous ces organes, pour que la machine fonctionne avec sécurité et atteigne son but, doivent, en se rencontrant et en se mêlant, s'aider mutuellement par leurs forces respectives. Eh ! bien, pour que leur frottement continuel soit dans la mesure voulue, il est nécessaire qu'une loi régisse les mouvements de ces organes et conduise l'activité des uns

et des autres. Or, c'est l'amour mutuel des
citoyens qui règle au sein de chaque peuple
leur activité, de telle sorte que jamais ils
ne s'entre-nuisent et qu'au contraire ils
s'entr'aident toujours. L'Apôtre saint Paul
fait à ce sujet une comparaison non moins
juste, mais plus élevée, et d'ailleurs si rap-
prochée de nous, qu'elle nous est en quelque
sorte personnelle. Il dit que la société,
comme le corps humain, est composée de
divers et de plusieurs membres qui n'ont
pas tous la même nature de fonctions, mais
que nécessaires les uns aux autres, ils vivent dans une parfaite intelligence ; que celui qui semble plus distingué, comme l'œil
par exemple à l'égard du pied, ni ne se
prévaut de sa supériorité, ni ne dédaigne
l'infériorité des autres ; ils s'aiment tous,
ils se sentent tous dans le besoin de tous ;
ils s'empressent de secourir ceux que la souffrance atteint ; leur harmonie est complète

et leur bien-être aussi grand que possible.
Voilà le spectacle de la civilisation, en voilà
la cause ou le principe, c'est-à-dire la charité fraternelle.

Quatrièmement, la loi de l'empire chrétien
ne saurait être primée ou dépassée par aucune autre ; elle est l'apogée de la raison et
de la sagesse en législation. Donnez carrière
à vos pensées, réfléchissez longtemps, aussi
longtemps qu'il vous plaira, vous ne conce-
vrez rien au-dessus et au-delà de ces deux
préceptes qui d'ailleurs n'en font qu'un : Aimez Dieu comme un père, aimez votre semblable comme un frère. Que mettriez-vous à
la place ? Peut-il y avoir quelque chose de
plus sublime et de plus complet ? Sans doute,
toutes les applications sociales de cette loi
sont loin d'être faites, nous en convenons ai-
sément ; mais la préoccupation continuelle
des gouvernements doit être d'en étudier les
voies et les moyens, d'avoir sans cesse pré-

sentes à leur esprit les diverses parties de la chose publique où des améliorations morales et matérielles sont réclamées et doivent être apportées.

Cette sainte et glorieuse préoccupation, SIRE, est la vôtre ; la France vous doit déjà de salutaires institutions, elle vous en devra d'autres encore ; aussi bien à travers les joies et les splendeurs qui vous entourent, vous voyez la détresse, le dénuement et la souffrance qui abondent de toutes parts ; au milieu des fêtes, des divertissements et des plaisirs que vous ne sauriez éviter, vous apercevez le travail opiniâtre couvert de sueur et qui est loin de gagner les ressources les plus exigües de ses impérieuses nécessités ; durant les représentations théâtrales auxquelles vous condamnent d'assister les encouragements dus aux arts, de nombreuses misères, la vieillesse indigente, l'ouvrier blessé aux luttes de l'industrie et sans appui, l'orphelin privé de ses soutiens naturels, vous apparaissent avec leur cortége de larmes, de soupirs et de gémissements.

Écoutons les pensées de l'illustre prisonnier du Spielberg au sujet de cette vérité que la loi de l'empire chrétien est parfaite. Condamné à mort pour avoir voulu précipiter la délivrance de sa patrie, et ne doutant pas que sa sentence ne fût exécutée, en face de ce fameux palais des doges où il était enfermé, il se mit à réfléchir sur l'homme, sur sa nature, sur ses devoirs, sur sa destinée; les fouilles qu'il fit dans sa raison pour avoir des réponses à ses doutes et à ses perplexités, ne lui donnèrent rien de satisfaisant et augmentèrent les douleurs de son incertitude. Sous l'influence sans doute de deux anges, sa mère et sa sœur, qui priaient pour lui, la pensée du Christ qu'elles lui avaient enseigné, mais qu'il avait abandonné, revint à sa mémoire. Il l'interroge, les solutions qu'il en reçoit le frappent, l'éclairent et le subjuguent. Il est foudroyé d'admiration devant ces deux mots : *Aimer Dieu comme un Père, aimer le prochain comme un frère.* « Quoi de plus, quoi de moins, s'écrie-t-il! Qu'ai-je fait jusqu'à présent et que faisais-je encore tout à l'heure ? Je creusais dans le sable pour trouver une eau qui n'y est pas ; et voilà près de moi une source pure, vive, abondante. Je vous adore, ô Christ ; prosterné devant vous, je vous demande le pardon de mes aveuglements, et que votre miséricorde daigne recevoir l'hommage de ma foi, de mon amour, de ma fidélité, de ma reconnaissance. »

Oui, rien de plus, rien de moins que la loi de l'empire chrétien, que la loi de l'Église dont il nous reste à examiner les moyens d'action.

TROISIÈME POINT.

L'Église de Jésus-Christ comme tout autre

empire, a ses moyens d'action pour se di-
later, se défendre et se maintenir. Ces
moyens, qui forment sa puissance et dès
lors sa vie, quels sont-ils? Est-ce la force
matérielle, le glaive qui frappe pour amener
la soumission ou pour la retenir? Nullement.
Lorsque Notre-Seigneur entretient ses Apôtres de la conquête du monde qu'ils vont
faire en son nom, il leur déclare positivement
qu'ils ne doivent porter avec eux ni argent,
ni force matérielle quelconque. Lorsqu'il
se rend pour sa Passion au jardin des Olives,
il permet à saint Pierre, auquel il veut donner une leçon, et la donner dans sa personne
à l'univers entier, de prendre et d'emporter
une épée. L'Apôtre, au moment où son
Maître est arrêté, frappe l'un des serviteurs
du grand prêtre et lui coupe l'oreille. Notre-Seigneur guérit le blessé, et dit à saint
Pierre : *Remettez le glaive dans le fourreau,
si je voulais être défendu comme vous venez*

*de le faire, je demanderais des légions d'anges
à mon Père, croyez-vous qu'il me les refusât?*

Est-ce la science qui est le moyen d'action
de l'Église? Oui, puisque l'Église enseigne
à l'homme tout ce qui lui importe de savoir, puisqu'elle éclaire les diverses régions
du monde intellectuel et moral, et qu'au
dessus de sa tête, comme dans un beau ciel,
brillent des astres magnifiques, des génies
splendides, de nombreux Docteurs qui répandent sur la suite des âges, la lumière la
plus pure et la plus bienfaisante. Mais la science
de l'Église n'est pas du siècle, celle pleine de
confiance en elle-même, que l'Apôtre saint
Paul répudiait hautement, ainsi que son su-
perbe langage en disant qu'il ne savait *que
Jésus, et Jésus crucifié;* cette science si obs-
cure, si incertaine, si mobile dans ses affirmations ; si pauvre en ses motifs de réclamer
le droit d'être écoutée ; si souveraine en ses
prétentions de posséder par devers elle, les

ressources suffisantes de se satisfaire complé-
tement pour jouir de la vérité et de n'avoir
nul besoin d'une intervention étrangère qui
la lui fasse connaître. Science toutefois si infirme en ses procédés, si stérile en ses recherches qu'elle n'aboutit forcément qu'aux
ténèbres du doute, au néant du scepticisme;
et que lorsqu'elle dit quelque chose de raisonnable, elle n'est que l'écho de la révéla-
tion.

Au-dessus de sa science, et d'ailleurs pour
la faire écouter tout d'abord, l'Église possède
un moyen d'action plus puissant, qui lui est
propre, qui a conquis le monde à Jésus-Christ
et qui lui en conserve la conquête ; ce moyen
c'est le dévouement. Nous avons assisté dans
ce discours même à l'armement des apôtres
par Notre-Seigneur qui les envoie lui soumettre toutes les nations. Quelles armes leur
donne-t-il ? Le dévouement ; il le leur impose. *M'aimez-vous*, leur dit-il, en s'adressant

à leur chef. « Eh ! bien, la conclusion pratique de cet amour, s'il est vrai, c'est que vous ferez comme moi, vous aimerez les hommes comme je les aime. Pour eux, pour les instruire, pour les transformer dans la vérité que je vous ai apprise, et par la vérité, pour leur prodiguer tous les éléments de la félicité présente et future, vous devrez subir toute espèce de labeur, toute espèce de privation, toute espèce de souffrance ; pour qu'ils reçoivent la communication de la vie que j'ai apportée sur la terre, vous devrez les aimer et leur être dévoués jusqu'à la mort. »

Certes, c'est bien ainsi que les Apôtres ont fait, c'est bien ainsi qu'ils ont exécuté la volonté de leur Maître, qu'ils ont été fidèles à ses leçons et à son exemple. Qu'ont-ils présenté aux populations en venant à elles ? Qu'ont-ils montré en vivant au milieu d'elles ? Le dévouement ; oui, le dévouement sans mesure, sans relâche et sans intérêt : le dé-

vouement à travers tous les obstacles, toutes
les menaces, tous les dangers et malgré toutes
les persécutions. Ils apparaissent et s'annon-
cent comme les ministres de la paix du ciel
avec la terre. On les maudit, ils bénissent ;
on les déteste, ils chérissent ; on s'étudie à
leur faire du mal, ils s'étudient à ne faire que
du bien ; ils lassent la haine qui les outrage,
elle ne peut lasser leur charité. Pourvu que
Jésus-Christ soit connu, que sa parole soit
reçue, que sa médiation soit acceptée, pourvu
que la loi d'aimer Dieu, de s'aimer les uns
les autres, de s'entr'aider sincèrement soit
écoutée, soit accueillie, soit observée ; pourvu
qu'ils fassent naître la résolution de se préserver du malheur de l'éternité, de s'en assurer au contraire le bonheur en s'appuyant
aux mérites de la rédemption, rien ne les af-
flige ; ils se déclarent, ils se montrent les serviteurs du genre humain, et celui qui est à
leur tête se nomme le serviteur des servi-

teurs. *Qu'ils sont beaux les pieds de ceux qui évangélisent de la sorte*, qui prêchent la charité par la charité.

A cause de la réminiscence de quelques faits plus politiques que religieux, refuseriez-vous à l'Apostolat de tous les siècles cette justice que nous lui rendons ? Notre réponse serait bien simple : si, dans des intentions et des vues qui ont eu leurs apologistes, la force matérielle a été employée pour certaines conquêtes de l'empire chrétien, pour les faire et pour les conserver, il n'en est pas moins vrai que le divin Maître n'a pas donné à ses Apôtres cette force pour lui soumettre les nations, que ce n'est pas à l'aide de ce moyen que la croix a triomphé de l'idolâtrie et des superstitions ; il n'en est pas moins vrai qu'il a peu profité à l'accroissement et à la défense de l'Église ; que les succès qu'il a obtenus, ont été peu de chose en réalité, et qu'ils n'ont pas eu de durée ; ce qui *vient par le glaive devant périr par le glaive* d'après l'oracle du divin Maître, au lieu que ce qui est obtenu par le dévouement, le dévouement le conserve.

Elles sont manifestes maintenant et l'immortelle énergie et l'invincible fermeté de l'empire chrétien. Dans la nature de ses sentiments ou dans son essence, dans la nature de son action ou dans sa propagande, il est amour, il est dévouement, par conséquent il est la seule puissance qui soit universellement acceptée, bénie, aimée. Regardez et écoutez autour de vous ; la puissance gouvernementale, on la subit ; la puissance de la fortune, on en conteste la légitimité, on la déclare un vol, et des pratiques nombreuses pour l'acquérir ne donnent que trop prise à cette calomnie ; la puissance du savoir, on la proclame inutile et une vanité. Mais le dévouement, l'abstinence de l'intérêt personnel, la passion de se sacrifier à son sembla-

ble, le don de soi-même au prochain, ah !
le monde le veut, il le réclame ; il sent
par ses diverses misères tout le besoin qu'il
en a ; lorsqu'il le rencontre, il l'acclame,
il le porte en triomphe, il se prosternerait
devant lui comme devant une céleste apparition.

Or, jamais, non jamais, le dévouement ne
fera défaut à l'empire chrétien ; chaque génération lui fournira le contingent des âmes
généreuses, désintéressées, impersonnelles
qu'il lui faut pour sa gloire et pour sa vie.
S'il cessait de les avoir dans un pays où, la
foi s'éteignant, la charité serait refroidie,
il s'éloignerait de ce pays tombé sous le
joug de l'impiété et de l'égoïsme barbare
qu'elle enfante. Mais il recevrait en compen-
sation de nouvelles contrées qu'il conquerrait
par le dévouement, qu'il embraserait de
cette noble passion, sous l'ardeur de laquelle
naîtraient les œuvres; se produiraient les

effets de l'amour fraternel, de cet amour poussé même jusqu'à l'excès, jusqu'à se consacrer entièrement et exclusivement au service d'autrui, jusqu'à lui donner fortune, liberté, vie, tout ce que l'on a, tout ce que l'on est, jusqu'à se faire l'esclave de ses infirmités pour les soulager, de ses ignorances pour les instruire, de ses douleurs pour les consoler.

O monde! tu n'oserais pas nier cet amour, il est trop réel et trop visible. Tu t'es permis de dire quelquefois que le dévouement qu'il enfante, n'était pas aussi grand qu'on le prétendait et qu'il devrait être. Si ce que tu avances était vrai, il faudrait te l'imputer. Par tes maximes et tes exemples du culte des intérêts matériels, tu glacerais le cœur le plus embrasé d'amour pour le prochain, et tu séduirais, s'il était possible, toute générosité pour l'étouffer. Sois sincère, tu voudrais bien au fond que ce dévouement fût moindre qu'il n'est, tu voudrais même qu'il n'existât pas. Car c'est lui qui, par ses actes et sans mot dire, empêche le triomphe de tes erreurs, de tes assertions mensongères, de tes faux systèmes, de ta haine ouverte ou de tes hypocrisies de respect pour la royauté de Jésus-Christ et pour l'Église, son indestructible empire. C'est bien à toi de juger de l'amour fraternel selon l'Évangile et il te sied de parler du dévouement comme à l'aveugle de disserter sur les couleurs. En quel temps, ô monde, et en quel lieu as-tu versé une goutte de sang, une goutte de sueur, une larme même pour soulager l'infortune ? Quelles visites lui as-tu faites ? Quels secours lui as-tu donnés ? Quelles paroles fortifiantes lui as-tu adressées ? Où et à quoi passes-tu tes jours et tes nuits ? Va ! tu ne remplaceras pas l'empire chrétien ; le dévouement est trop nécessaire aux hommes ; et le dévouement ce n'est pas toi, c'est Notre-

Seigneur Jésus-Christ, c'est son Évangile, c'est son Sacerdoce, c'est son Église.

Il vous a plu, notre adorable Rédempteur, de prendre publiquement une fois dans votre vie, au milieu des plus solennels hommages, possession du monde entier qui est votre empire ; et c'est aujourd'hui que nous célébrons l'entrée triomphante que vous fîtes à Jérusalem alors votre capitale. On étendait des vêtements, on jetait des branches d'arbres sous vos pas, la foule qui vous précédait et qui vous accompagnait, remplissait les airs de ses acclamations : *Hosanna*, gloire au fils de David ; qu'il soit béni le Roi qui nous est donné par Dieu et qui nous vient en son nom ; *Hosanna*. Ces acclamations répétées d'année en année depuis dix-huit siècles, nous vous les adressons en ce jour dans les sentiments d'une grande joie, d'une grande soumission, d'une grande fidélité. *Hosanna*, gloire à vous ; soyez béni, soyez loué partout et toujours.

L'empire que vous avez fondé n'a de bornes
ni du côté de l'espace, ni du côté de la durée ; sa loi, c'est aimer ; le mérite à ses yeux
c'est le dévouement. *Hosanna !* Si les hommes
étaient tous vos fidèles sujets, s'ils obser-
vaient votre loi, s'ils étaient méritants, comme
vous leur commandez de l'être, la terre ne serait plus, ce qu'elle est trop souvent, un enfer,
un séjour de douleurs ; elle deviendrait une
demeure de paix et de satisfactions, un vrai
paradis. C'est pour qu'il en soit ainsi, *Roi
plein de douceur et de mansuétude*, que vous
voulez faire, par la communion dont l'époque
est arrivée, votre entrée dans le cœur de chacun de nous. Le regret de nos fautes doit être
placé comme un vêtement sous vos pas, nous
devons jeter devant vous, comme des rameaux, nos volontés d'obéir aux lois de votre
empire ; il faut que nous portions dans nos
mains les palmes du devoir accompli ou du
moins de la résolution de l'accomplir : les

palmes de l'amour de Dieu, de la piété, de l'amour du prochain, du dévouement à ses intérêts ; les palmes de la résignation dans les peines, du courage au milieu des épreuves, du détachement raisonnable des biens sensibles ; les palmes de la dignité, de la modestie, de l'honnêteté dans toute la conduite ; les palmes de la confiance qui attend une vie meilleure et qui l'espère de vos mérites infinis ; *Hosanna !* Viendra le moment de cette vie meilleure ; il approche sans cesse ; alors participant à l'éternel triomphe de votre humanité, nous vous redirons dans les transports d'une félicité parfaite, le cantique actuel de notre dépendance, de notre gratitude et de notre amour. *Hosanna !*   Amen.

SOUFFRANCES DE N.-S. JÉSUS-CHRIST

SUR LES SOUFFRANCES

DE N.-S. JÉSUS-CHRIST.

> *Holocautomata pro peccato non tibi placuerunt. Tunc dixi : Ecce venio.*
>
> Les holocaustes pour le péché ne vous ont pas plu. Alors j'ai dit : Me voilà, je viens.
>
> (S. Paul, *aux Hébr.*, ch. 10, v. 6 et 7.)

Sire,

Au temps arrêté dans les conseils de l'adorable Trinité, le Fils de Dieu vient sur la terre suppléer à l'impuissance des holocaustes que l'homme offre en vain pour sa transfiguration et son rachat des peines éternelles. C'est par une crèche que ce charitable Médiateur fait son entrée ici-bas ; encore enfant, il révèle une science infinie dans le Temple, au

milieu des docteurs de la loi, par ses questions et ses réponses sur les choses sacrées ;
durant ses trente premières années, il vit
obscur et ouvrier dans la boutique d'un artisan ; mais à cet âge il sort de son obscurité ; il
parcourt la Judée et la Galilée ; il prêche
l'accomplissement des prophéties dans sa
personne, touchant le Messie ; il opère de
grands miracles et pratique les vertus les
plus sublimes ; il se choisit un certain nombre de disciples qui laissent tout pour le
suivre ; les populations s'ébranlent à son
nom ; elles accourent entendre sa doctrine et
contempler ses œuvres ; on le couvre d'acclamations ; on dit qu'il est un grand prophète,
que jamais homme n'a parlé comme lui, que
son apparition est une visite que Dieu fait à
son peuple ; une femme glorifie le sein qui
lui a donné le jour et qui l'a nourri : *Ecce
venio*, me voilà, je viens.

Mais au milieu de ses triomphes, il déclare

à ses disciples transportés de joie de lui appartenir, que *Jérusalem le livrera aux Gentils, qu'il sera chargé d'opprobres, battu de verges et qu'il expirera sur une croix.* Ils ne comprennent rien et ne veulent rien comprendre à une pareille déclaration entièrement opposée à ce qu'ils attendent du rôle que le Messie doit remplir dans le monde ; ils essaient de détourner de ces idées lugubres l'esprit de leur Maître dans lequel ils reconnaissent celui qui est l'attente d'Israël et qui doit en être la gloire. Mais il rejette sévèrement leurs observations et leur renouvelle l'annonce de son supplice et de ses cruelles souffrances. *Ecce venio,* me voilà.

Cependant les Scribes et les Pharisiens dont il censure la conduite, voyant que les adhésions à sa personne et à ce qu'il enseigne, ne cessent d'augmenter, forment entre eux le projet de s'emparer de lui et de le faire périr. Ils en cherchent le prétexte et l'occasion ;

après bien d'inutiles tentatives, l'un et l'autre leur sont enfin fournis. Il est arrêté, injustement accusé, plus injustement condamné, il meurt attaché sur une croix comme il l'a prédit. *La justice et la paix, la miséricorde et la vérité se rencontrent et s'embrassent* dans son supplice pour transfigurer l'homme et le réconcilier avec Dieu.

L'anniversaire de cette sanglante immolation qui se célèbre depuis tant de siècles au sein des nations les plus civilisées, répand dans les âmes une profonde tristesse dont elles ne sauraient se défendre à la vue de la voie douloureuse parcourue depuis le Jardin des Oliviers jusqu'à la cîme du Golgotha, par la sainte victime qui s'est dévouée sans réserve au salut de l'homme. *Ecce venio*, je viens, me voilà.

En ce jour de solennelle compassion, édifions nos esprits et nos cœurs au spectacle des souffrances que le Christ médiateur endure pour notre transfiguration. Considérons l'étendue de ses souffrances, et comme notre transfiguration ne les réclamait pas aussi grandes, voyons pour quels motifs il a voulu les subir dans cette mesure.

O Croix ! objet aujourd'hui de nos adorations plus ardentes et plus profondes ; Croix, arc-en-ciel tracé sous nos yeux pour nous dire que la paix du ciel est accordée à la terre, les justes te demandent, en ce sanglant anniversaire, l'accroissement de leur justice, et les pécheurs le pardon de leurs iniquités.

O Crux ! Ave !

PREMIER POINT.

Nous devons ne pas oublier que si Notre-Seigneur a souffert, c'est qu'il l'a voulu. Tant qu'il refuse son consentement, les Juifs ne peuvent rien contre lui ; pour que cette impuissance cesse, il faut que leur

15

heure soit venue, comme parle le divin **Maître**, c'est-à-dire il faut qu'il permette le succès à leurs mauvais desseins, et que par suite de cette permission, il abandonne à elle-même son humanité, en lui retirant l'assistance de sa divinité. L'ensemble des souffrances de Notre-Seigneur peut se diviser ainsi : celles qu'il endure par lui-même, celles qu'il endure par ses amis, enfin celles qu'il endure par ses ennemis.

Trois faits présents aux yeux du Sauveur à qui rien n'est caché de l'avenir prochain ou éloigné, causent les souffrances qu'il endure par lui-même et versent à flots l'amertume dans le calice de sa passion. Son supplice avec ses sanglants détails, les hommes aveugles qui, ne profitant pas de sa médiation, en deviennent plus coupables, la charge sur sa tête de toutes les iniquités commises depuis le commencement du monde et qui se commettront jusqu'à sa fin :

sous le corps de ces trois faits, l'âme du Christ se trouble avant qu'il entre au jardin des Olives ; mais dès qu'il y met le pied, son trouble augmente, il devient la proie de la tristesse, de l'ennui, de l'accablement, de la peur ; il dit à ses Apôtres de ne pas le délaisser ; il sent les étreintes de la mort, et s'adressant à son Père, il lui demande que le calice de douleur s'éloigne de lui, si c'est possible. *Si possibile est, transeat a me calix iste* (1). Il faut que son angoisse soit extrême pour qu'il fasse cette prière ; aussi bien durant sa vie, il disait : *J'ai à être baptisé d'un baptême* de sang, il me tarde de le recevoir ; et maintenant il dit : *O mon Père, que ce calice passe loin de moi, sans que je le boive.*

C'est, mes Frères, qu'en face de toutes les circonstances de son horrible supplice, sa nature, dont la complexion n'est pas

____

(1) S. Math., c. xxvi, v. 39.

différente de la nôtre, s'épouvante des hu-
miliations, des insultes, du trépas qui l'attendent ; c'est qu'à la vue des infortunés
qu'il ne sauvera pas par leur faute, sa charité
qui sait le châtiment qui leur est réservé,
se désole, ce qui lui fait dire aux femmes
qu'il rencontre en montant au Calvaire : *Ne
pleurez pas sur moi*, mais sur ceux qui ne
voudront pas recevoir ma visite d'amour
et de transfiguration de leurs âmes, et dont
mon cri de détresse, *Sitio* (1), j'ai soif, ne
brisera pas l'insensibilité ; c'est enfin que
le fardeau qu'il doit prendre sur lui de tous
les crimes commis à jamais, lui fait horreur
par la connaissance qu'il a des droits de
Dieu, de l'étendue de la malice qui les viole
et de la laideur qui s'attache à cette violation.

Nous ne comprenons rien à ces impressions
douloureuses, nous qui buvons l'iniquité

______
(1) S. Jean, c. XIX, v. 28.

comme l'eau, selon le langage de l'Écriture ;
nous, pour qui le bien et le mal ont presque
la même physionomie ; nous, dans le cœur
desquels les effets de l'un et de l'autre sont à
peine différents. Il n'en est pas ainsi de notre
Rédempteur ; dès qu'il accepte de devenir
coupable pour les hommes et de recevoir le
châtiment de leur culpabilité, la douleur qui
l'oppresse déjà, prend une force, une intensité, une violence telle, qu'il est à l'agonie
aussitôt, et qu'il tombe la face contre terre.
Un ange accourt le soutenir, une sueur de
sang coule de tous ses membres. O terre,
terre, ne bois pas ce sang ; il est à nous, c'est
dans ses flots où nous serions trop heureux
de mêler quelques larmes, que nous devons
blanchir nos âmes, les purifier de leurs souillures si grandes, trop grandes, recouvrer la
grâce de leur transfiguration, de leur ressemblance avec Dieu.

Durant la Cène où Notre-Seigneur a lavé

les pieds à ses Apôtres et institué l'adorable mystère de l'Eucharistie, il leur dit : *Je ne vous appellerai plus mes serviteurs, je vous appellerai mes amis.* Qu'a-t-il souffert de leur part ? La trahison, l'abandon, le reniement. Il leur annonce ces actes qui seront douloureux à son cœur ; il leur déclare que l'un d'entre eux le trahira, que tous l'abandonneront; et comme saint Pierre proteste, avec les autres mais plus que les autres, que loin de l'abandonner, il ira, s'il le faut, à la mort avec lui : le Christ lui répond que non-seulement il l'abandonnera, mais qu'il le reniera.

Les événements arrivent ainsi qu'ils sont prédits : Judas trahit son maître, les Apôtres fuient lorsqu'il permet que l'on s'empare de sa personne, et saint Pierre le renie avec serment par trois fois, sur les interpellations d'une servante. L'avarice, la présomption ou l'orgueil et le respect humain, voilà les causes du crime de Judas et de la honteuse faiblesse, soit des autres Apôtres, soit de saint Pierre. La perfidie de Judas nous montre jusqu'où la passion peut emporter une âme dont elle s'est rendue maîtresse. Que ne lui fait-elle pas fouler aux pieds ? Quel bandeau ne met-elle pas sur ses yeux, pour qu'elle ne voie pas l'abîme de honte et d'ignominie où elle va se plonger ? Elle perd de vue ses propres intérêts, ses plus chères satisfactions. Certes, la cupidité de Judas avait une belle occasion de jouir largement, de tirer bon parti de la haine des Scribes et des Pharisiens pour le Christ, en ne s'engageant à le leur livrer qu'à la condition d'une forte somme. Eh ! bien, il se contente de la première offre faite à sa question que *me donnerez-vous?* C'est peu, trop peu que trente pièces d'argent, c'est le prix de la rançon d'un esclave. Mais la passion trouve que c'est assez ; elle se serait contenté de moins ; et il lui tarde de se délecter avec l'attouchement de ces pièces d'argent toutes mouillées du sang de son Maître.

Plus d'une fois, nous avons, nous aussi, livré l'adorable Sauveur d'une manière différente sans doute, mais non moins réelle. Et pourquoi ? Pour des satisfactions, hélas ! bien misérables souvent. La passion, qui nous en faisait la promesse, nous empêchait de voir notre dignité, notre honneur, notre repos véritable, l'intérêt de nos familles, s'efforçant de nous préserver de ses séductions. Regardez dans votre vie : les voilà qui se dressent, devant vous, ces circonstances nombreuses et diverses où vous avez vendu le Christ ; et à qui ? Et pour quoi ?

C'est une autre passion, c'est l'orgueilleuse présomption qui cause l'abandon que les Apôtres font de leur Maître. Quand on s'appuie sur soi-même et qu'en cet état on ne doute de rien, qu'on se croit à la hauteur de toutes les difficultés, le danger de faillir, de s'égarer, de se déshonorer est extrême. Notre-Seigneur avertit ses Apôtres au milieu de leurs protestations de le suivre jusqu'à la mort, que l'esprit est prompt à promettre, mais que la chair est bien infirme lorsque le moment arrive de l'exécution de la promesse ; et contre cette infirmité, il leur enseigne la nécessité de la vigilance et de la prière. Ils ne profitent pas de la leçon. Quel besoin ont-ils de veiller et de prier ? Ne sont-ils pas sûrs d'eux-mêmes, de leur courage ? Y a-t-il une occasion capable de les vaincre ? Ils n'en redoutent aucune, et au lieu de se faire protéger par la vigilance et de chercher des forces dans la prière, ils se laissent aller au sommeil. Aussi quelle chute après quelle exaltation ! quelle faiblesse après quelle audace ! il en va toujours de la sorte. Pensons-y bien et avec crainte pour notre propre compte : *Dieu abaisse les superbes et il élève les humbles.*

Saint Pierre est plus qu'aucun autre coupable de cette présomption, et par suite plus qu'aucun autre, il est abaissé. Le respect humain le fait apostasier. Hélas ! sa conduite a été souvent la nôtre ! Combien de fois, dans des circonstances moins périlleuses, ne nous est-il pas arrivé, pour détourner un quolibet, un propos sans valeur, un rire stupide, de montrer, d'affecter que nous ne connaissions pas Jésus-Christ, de nous ranger parmi ses insulteurs, ce que ne fit pas son Apôtre, de persiffler l'Église, ses mystères, ses institutions, son sacerdoce, et cela contre notre conscience ? Cependant nous avons horreur de l'hypocrisie ; ce qui n'empêche pas qu'elle ne soit assez commune. Aussi bien, il y a l'hypocrisie de probité, l'hypocrisie de désintéressement, l'hypocrisie de libéralisme, l'hypocrisie de bienfaisance, comme il y a l'hypocrisie de religion.

Mais s'il est une hypocrisie dégoûtante,

honteuse, c'est bien celle que l'on nomme le respect humain ; laquelle, tenant plus compte de l'homme que de Dieu, affiche des désordres de l'esprit et du cœur dont elle n'est pas souillée. L'hypocrisie ordinaire rend hommage à la vertu, l'hypocrisie du respect humain rend hommage au vice ; par la première, on se fait meilleur qu'on n'est ; par la seconde, on se fait mauvais bien qu'on ne le soit pas, ou l'on se fait pire que l'on n'est : par l'une de ces hypocrisies, on donne au moins des exemples salutaires ; par l'autre, ce sont des scandales pernicieux que l'on offre. Au reste ce respect humain, cette hypocrisie ne se rencontre et n'est possible qu'au sein de l'Église catholique. A quel propos, l'idolâtrie rougirait-elle de sa croyance, qui ne lui défend aucune sensualité? A quel propos également, l'hérétique rougirait-il de sa foi? Comme elle dépend de son libre arbitre, elle ne lui refuse aucune autorisation pour la vie facile et voluptueuse.

Un jour saint Pierre, dont le visage sera sillonné par les larmes du repentir, tiendra sa promesse, et avec lui tous ses compagnons dans l'Apostolat. Ils n'abandonneront pas leur Maître, ils se féliciteront des mauvais traitements qu'on leur fera subir à cause de lui, ils le suivront jusqu'à la mort, jusqu'à la mort la plus ignominieuse et la plus cruelle. Ah ! déplorons nos reniements du divin Sauveur, et soyons prêts à le confesser en toute circonstance, sans fierté comme sans faiblesse, sans honte comme sans ostentation.

Mais à quelles souffrances Notre-Seigneur Jésus-Christ n'a-t-il pas été livré par ses ennemis. Au reste dans ces souffrances, nous avons le grand et éternel spectacle de la haine que le mensonge porte à la vérité, et de toutes les persécutions qu'il lui suscite. Il ne veut avec elle ni paix, ni trêve ; il faut qu'elle périsse ; il faut qu'elle soit calomniée, moquée,

couverte de crachats, battue de verges, plon-
gée dans les cachots, bafouée par l'insulte et
l'ironie, affublée des insignes de la folie,
abaissée au-dessous du crime ; il faut qu'elle
périsse, que par peur ou par politique, le
pouvoir soit entraîné, malgré ses répugnances
et ses remords, à prononcer la peine capitale
contre elle et à la faire noyer, brûler, dévorer, décapiter, crucifier, n'importe ! Et pourquoi donc ? Parce que la vérité m'est hostile,
répond le mensonge. Elle a la prétention de
régler mes pensées, mes désirs, mes affections ; elle ose m'imposer des devoirs ; limiter
l'emploi des forces de ma nature ; me faire
des défenses et me prescrire des actes. Il faut
qu'elle périsse ! *Quoniam contrarius est operi-
ribus nostris et improperat nobis peccata* (1).

Je suis venu sur la terre rendre témoignage à la vérité, dit à Pilate le divin Sau-

____

(1) *Sagesse*, c. II, v. 12.

veur. A cause de ce témoignage, il n'y a pas d'outrages, pas de tourments, pas de cruautés qu'on lui ait épargnés. De faux témoins l'accusent; un valet le soufflette; le grand prêtre le proclame blasphémateur; Hérode le traite comme un imbécile; des gardes s'en amusent, ils lui bandent les yeux, le frappent et lui disent avec des rires bruyants : Allons, *Christ, prophétise qui t'a frappé?* les Pharisiens crient et poussent une foule ameutée à crier qu'il est un séditieux; Pilate, convaincu de son innocence, le fait flageller dans l'espoir que son élargissement lui sera demandé par cette foule abusée, lorsqu'il le lui montrera couvert de plaies. *Crucifigatur! qu'il soit crucifié!* Voilà la réponse aux criminels atermoiements de ce juge inique par faiblesse. Il essaie d'un autre moyen, dans le même but; il met pour le droit qu'il a de délivrer un prisonnier à la fête de Pâques, un scélérat en parallèle avec le Christ; *Crucifigatur!* qu'il

soit crucifié ! En montant au Calvaire il tombe
sous le poids de sa croix, la méchanceté le
relève avec brutalité ; ses vêtements, collés
sur ses épaules depuis sa flagellation, sont
arrachés avec violence au moment de son
supplice ; des clous enfoncés dans ses pieds
et dans ses mains l'attachent à son gibet qui
est l'autel de notre réconciliation avec Dieu ;
les insultes pleuvent sur sa tête ; c'est du
fiel et du vinaigre qu'on lui présente pour
étancher sa soif ; il expire au milieu des plus
cruelles douleurs.

Quid mali fecit? Quel mal a-t-il fait, ainsi
que le demandait le gouverneur romain.
Le mal qu'il a fait? il a rendu témoignage à
la vérité. Dans ses prédications, il se déclare
le Messie promis et attendu depuis quarante
siècles ; il signifie aux docteurs de la loi, la
fin de leur ministère et de leur règne ; il dé-
masque leur indigne conduite, et celle non
moins indigne en choses graves, des Scribes

et des Pharisiens ; il les compare à des sépulcres blanchis dont les dehors sont beaux, mais dont le dedans est plein de corruption. C'en est assez ; c'est plus qu'il n'en faut pour soulever contre lui les Scribes et les Pharisiens. *Crucifigatur!* Le peuple, qui souffre de la domination romaine, attend un Messie qui lui fera recouvrer sa nationalité ; cette disposition réclame de sa part, un Christ ayant les allures et les ressources des conquérants. Or, imbu de ces idées erronées, il lui faut peu d'excitation pour répudier un Messie qui ne répond pas à ses préjugés, si pertinentes que soient d'ailleurs les affirmations que ce Rédempteur lui donne de sa mission sacrée et si merveilleuses que puissent être les œuvres par lesquelles il la confirme à ses yeux. *Crucifigatur!* qu'il soit crucifié !

Ces cris pleins d'aveuglement se perpétuent à travers les âges par les mêmes passions. L'orgueil, la cupidité, la luxure.

ces trois grandes convoitises si puissantes au milieu du monde ne cessent de les faire retentir, tantôt avec dissimulation, tantôt sans crainte et sans honte ; et selon l'apôtre saint Paul, tout homme qui pèche en matière grave, ayant pleinement la conscience de ce qu'il fait, renouvelle autant qu'il est en lui, le crucifiement de l'adorable Sauveur. *Crucifigatur!* Alors sont-ils les plus nombreux les cœurs où il n'est pas appendu à la Croix ? Règne-t-il dans le nôtre ? N'y est-il pas crucifié ? *Crucifigatur!* Et cependant « malheur à qui trahit le fils de l'homme, c'est lui-même qui parle, malheur à qui profane son sang, à qui ne profite pas de sa passion. *Væ homini illi per quem filius hominis tradetur* (1). Il eût mieux valu pour lui de ne voir jamais le jour. »

Lorsque Clovis entendait de la bouche de saint Rémy, le récit des outrages d'ignominie

(1) S. Math., c. XXVI, v. 24.

douloureuse du Christ Sauveur, il s'écriait :
« Que n'étais-je là avec mes Francs ; comme
j'aurais dispersé cette tourbe insolente et
féroce ! » Noble élan ! Magnanime France, il
y a longtemps que tu portes dans ton cœur la
cause du Seigneur Jésus, et que sa défense a
été pour toi un besoin, une gloire, un bonheur. Ah ! tu ne laisseras jamais s'obscurcir
à ton diadème, encore bien moins en tomber,
ce fleuron qui en est incontestablement le
plus beau.

Mais quels sont les motifs qui ont pu faire
embrasser de si grandes et si nombreuses
souffrances à notre Rédempteur, lorsque la
transfiguration de nos âmes ne les exigeait
pas dans cette mesure ?

SECOND POINT.

Un acte d'obéissance à la volonté de Dieu
de la part de notre Sauveur, dans le but de

réparer l'offense que nous avions faite à la majesté souveraine, aurait suffi pour nous obtenir le pardon dont nous avions besoin et pour rendre à nos âmes, avec l'innocence, leur transfiguration et leurs immortelles destinées. Mais les souffrances si grandes et si nombreuses de sa mort, souffrances qui ne nous étaient pas nécessaires absolument, Notre-Seigneur a voulu les endurer pour soutenir notre courage au milieu des épreuves de la vie présente, pour nous remplir de charité à l'égard du prochain, et pour fixer nos volontés en Dieu. Voyons d'abord de quelle manière il nous soutient par ses souffrances au milieu des épreuves de la vie présente.

Les épreuves auxquelles nous sommes assujétis sur la terre sont nombreuses et continuelles. Il y a celles de l'esprit, celles de l'âme, celles du cœur; ce sont les épreuves morales; il y a celles des individus, celles des familles, celles des peuples. Voulez-vous

les noms de quelques-unes? Les voici : la
maladie, l'infirmité, la mort, l'indigence,
le dénuement, le travail sans repos et presque sans profit, l'ingratitude, l'injustice,
la calomnie, les revers de fortune, de position sociale, la perte des amis et des
parents, les divisions, les luttes, les guerres.
Aussi prêtez l'oreille à la terre, de tous côtés
vous arrivent des gémissements, des plain-
tes, des lamentations; regardez l'humanité,
elle vous apparaît comme une ombre qui
passe rapidement, couverte, tour à tour et
quelquefois en même temps, de sueurs, de
larmes et de sang.

Il n'entrait pas dans la mission du divin
Sauveur, de délivrer l'homme de ces misères
qui sont comme autant de blessures qu'il
s'est faites dans sa chute, à la suite de son
audace de vouloir être indépendant de Dieu
et de se poser son égal par la violation de
ses lois. Toutes les générations doivent subir

ces misères et ces souffrances parce qu'elles
ont toutes partagé la rébellion qui se les
est attirées. Dans les pensées de Notre-Seigneur, et c'est pour cela surtout qu'il ne
nous en a pas affranchis, elles doivent servir,
en même temps qu'elles sont une expiation,
à nous préserver de l'aveuglement de nous
attacher avec excès à la vie présente et de
négliger la vie future qui est notre véritable
destinée.

Mais si cet adorable Maître ne nous a pas
délivrés de nos souffrances, d'autre part il
ne nous y a pas délaissés. Il s'est efforcé de
nous en rendre le fardeau plus léger, en
nous inspirant le courage de le porter avec
résignation. Il s'y oblige par amour pour
nous, il s'y oblige en quelque sorte par
justice à l'égard de ceux de ses disciples qui
dans tous les siècles, dans les premiers surtout, auront à supporter pour lui des supplices et des cruautés de toute nature. Or,

comment nous inspire-t-il le courage dans les souffrances ? Par des exhortations ? Sans doute. Mais il nous l'inspire et nous le communique par ce qui est bien plus puissant, bien plus efficace, par ses exemples. Il se livre à toutes les souffrances de l'humanité, il les prend toutes, il n'en est aucune qu'il ne veuille endurer et qu'il n'endure. Si un prince disait à ses soldats, avant la bataille, « dans le cas où vos rangs seraient rompus, ralliez-vous à mon panache, vous le trouverez toujours sur le chemin de l'honneur, » notre adorable modèle a voulu pouvoir nous dire : Dans cette mêlée d'accidents pénibles qui assaillent votre vie, lorsque la souffrance pèsera sur vous, que vous serez aux prises avec la douleur, ralliez-vous à mon exemple, il vous soutiendra, il vous fortifiera, il vous consolera.

C'était appuyés à l'exemple du divin Maître dans les souffrances, que les martyrs de tous les temps se montrèrent si patients, si résignés, si calmes, si invincibles, si remplis d'énergie en face des tourments, si remplis de charité à l'égard de leurs bourreaux et qu'ils baisaient la main qui allait abattre leur tête. « C'est maintenant que je suis le disciple de mon Maître, » s'écriait saint Ignace, premier évêque d'Antioche, lorsque les satellites qui le conduisaient à Rome, où il devait mourir pour Jésus-Christ, lui faisaient subir de tels sévices qu'il lui semblait être au milieu d'une foule de léopards. Sainte Thérèse, ce cœur si généreux, cette âme si ardente, cette imagination si vive, ce génie si élevé, désireuse de la ressemblance par la douleur avec le divin Sauveur, s'écriait : « Ou souffrir, ou mourir. »

Les souffrances de Notre-Seigneur Jésus-Christ, c'est le Cyrénéen qui nous aide à porter notre croix, c'est l'Ange qui vient nous soutenir au milieu des agonies de notre condition présente. Nous demandions à une jeune fille, que la nature avait enrichie de tous ses dons, et que la maladie tenait enchaînée depuis bien des mois sur un lit de douleur, ce qu'elle pensait de son état ; entendez sa réponse : « Le Sauveur ne m'a pas jugée indigne de quelques pas, et de quelque séjour sur son Calvaire. » Pie VI, à la fin du dernier siècle est arrêté ; au milieu des justes égards qu'on témoigne à sa personne, à sa dignité, à ses vertus, on lui demande de désigner les objets qu'il veut avoir avec lui ; il remercie, prend le Crucifix devant lequel il a coutume de prier, et dit : « J'ai tout ce qu'il me faut, partons. » Le juste, arrivé au pied de l'échafaud, se refuse à ce qu'on lui lie les mains, la religion lui dit : « Encore ce trait de ressemblance avec le Christ ; » il accepte aussitôt cette nouvelle humiliation. Il n'y en pas une, et pas une souffrance auxquelles on ne soit en droit de proposer l'exemple du charitable Rédempteur qui pour cela même, a voulu les endurer toutes, et faire voir, dans la personne de ses disciples comme dans la sienne, au milieu du monde, un héroïsme de courage, d'une simplicité, d'une énergie, d'une magnificence de calme, de paix, de sérénité, de douceur au-dessus de toute admiration.

Un autre effet des souffrances de Notre-Seigneur et pour lequel également il ne s'en est épargné aucune, c'est la charité fraternelle qu'il a fondée parmi les hommes. Il n'est pas douteux que la charité mutuelle des hommes s'aimant comme des frères, si elle se réalisait, ne fît le bonheur de tous et ne changeât la terre, séjour d'amères douleurs, en un lieu de grandes et nombreuses satisfactions, on a même dit en un paradis véritable. Mais il n'est pas douteux d'autre part que cette charité est faible parmi les hommes et qu'ils sont bien éloignés de se conduire à l'égard les uns des autres comme des frères. Les intérêts et les mauvaises convoitises les divisent et font naître jusqu'au sein des familles, la souffrance avec les luttes.

Notre divin Sauveur, dans sa volonté d'adoucir à l'homme ses peines présentes dont il ne le délivrait pas, songea d'autant plus à l'établissement de la charité qu'elle les diminue et qu'elle les ferait disparaître totalement si sa pratique était générale et sincère. Aussi tous les discours de cet adorable Maître concluent à la pratique de la charité fraternelle et dans celui qu'il prononce au moment d'aller à la mort, sa recommandation à ses disciples de s'aimer les uns les autres est plus ardente et il conjure son Père de consommer leur union, de la rendre étroite et parfaite. Mais à sa parole, il joint l'exemple et pour les deux sentiments qui animent la véritable charité, laquelle pardonne le mal qu'on lui fait et fait le bien dont elle est capable. Nous ne disons pas qu'elle s'abstient du mal, s'abstenir n'étant ni un sentiment ni un acte ; pardonner au contraire est un sentiment et un acte, et faire du bien est également acte et sentiment.

Or, Notre-Seigneur se dévoue aux cruelles souffrances de sa Passion pour donner aux hommes l'exemple de ces deux sentiments, de ces deux actes, et pour les établir parmi eux. Reconnaissons-le d'abord au sujet du pardon. Jamais l'injustice n'alla et n'ira aussi loin dans ses pratiques iniques qu'elle est allée envers notre adorable Sauveur ; jamais la haine ne s'est montrée et ne se montrera d'une violence et d'une fureur pareilles à celles dont elle l'a poursuivi. Voyez-la sur le Calvaire, elle ne se possède pas, ses mouvements et ses airs attesteraient au besoin, la divinité de la victime, car l'on n'est pas méchant et impitoyable à ce

point, à l'égard d'un supplicié qui n'est
qu'un homme. Eh ! bien, notre divin Sauveur promène des regards de tendresse et
d'amour sur cette foule avide de ses douleurs, et qui voudrait en accroître encore
l'intensité ; et s'adressant à son Père, il lui
dit ces touchantes paroles : « Père, pardonnez-leur, car ils ne savent ce qu'ils font. »

Le pardon des outrages et des injures
pouvait-il ne pas entrer dans le monde avec
l'Évangile des souffrances du Rédempteur ?
Pouvait-il ne pas s'y établir par ce grand
exemple, « Pardonnez-leur, mon Père, » et
par cette adorable excuse, « car ils ne savent
ce qu'ils font ? » Antioche a renversé et foulé
aux pieds les statues de l'Empereur et de l'Im-
pératrice. A cette nouvelle, Théodose ordonne que la ville soit saccagée et détruite
entièrement. Toutes les supplications qui
conjurent sa juste colère sont impuissantes ;
les repentirs naturellement bien sincères,

le trouvent impitoyable. Flavien, évêque
d'Antioche arrive auprès de lui ; il est reçu ;
sa vieillesse, ses vertus, le long trajet qu'il
a fait impressionnent sans doute Théodose ;
toutefois, il ne veut ni retirer sa sentence,
ni l'adoucir. Flavien le prie, le conjure, il
lui dit que par le pardon qu'il accordera,
des statues bien plus durables lui seront
élevées dans tous les cœurs; qu'Antioche
ensevelie au sein des tortures de la ruine
qu'il a décrétée et qu'elle attend, est assez
punie ; il tombe à ses pieds ; il les arrose
de ses larmes ; l'Empereur conserve la même
inflexibilité. Le saint évêque se lève alors,
montre une croix, fait avec elle apparaître
le Calvaire, et dit : « Au nom de celui qui
a pardonné à ses ennemis qui le faisaient
mourir, pardonnez à des sujets égarés qui
ont outragé vos images. » Théodose vaincu,
répond : « Allez et annoncez à Antioche que
je lui pardonne. »

Pardonner est le premier sentiment de la charité fraternelle, faire du bien en est le second. Notre divin Sauveur en a porté la pratique au degré suprême, afin de l'établir également sur la terre et d'y faire disparaître une grande partie des maux qui la désolent. Il est des hommes pour lesquels ces maux sont absolus en quelque sorte parce qu'il leur est impossible de s'y secourir eux-mêmes. L'assistance de la part du prochain leur est nécessaire ; sans elle, ils seraient dévorés par la misère. Mais cette assistance impose des sacrifices à ceux qui doivent la donner.

Or, l'homme n'est pas enclin à se sacrifier gratuitement en quoi que ce soit et pour qui que ce soit. Encore qu'il porte en lui-même un fond de sensibilité réelle, l'égoïsme le domine par le besoin qu'il éprouve du bonheur, et comme il ne le possède pas, si d'ailleurs il l'attend des biens sensibles, loin d'en céder quelque chose, son désir de les accroître est immense et enveloppe son cœur d'une cuirasse d'indifférence pour le malheur ; quand il en entend parler, il le charge d'odieuses imputations : il lui reproche toute espèce de choses mauvaises ; il le calomnie sans pitié et sans remords, et pour ne pas l'assister, il s'enferme dans ces atroces maximes : « Chacun pour soi, chacun chez soi. » L'homme, pourvu qu'il rie, qu'il joue, qu'il s'amuse, qu'il soit bien vêtu, bien nourri, bien logé, bien voituré, que ses journées se passent en distractions publiques et particulières, il ne sait pas, il ne veut pas savoir s'il y a des existences qui manquent de tout, qui pleurent, qui se lamentent, que la nudité couvre, que la maladie consume, que le travail épuise, qui s'étiolent dans un réduit humide, qui meurent lentement sous la dent de la faim.

Notre-Seigneur condamne et combat par ses enseignements cet égoïsme sauvage ; mais il le combat et le condamne par ses actions. C'est contre lui qu'il se dévoue à toutes les souffrances, qu'il fait à l'homme, duquel il n'a rien à attendre au sujet de sa propre félicité, le don de sa vie ; et pour que ce don soit plus contagieux et plus sûrement imité, il le fait avec un généreux accompagnement des plus cruelles douleurs. C'est une semence, arrosée de son sang, qu'il jette au milieu du monde ; elle s'y multiplie, elle y produit des œuvres d'un dévouement merveilleux ; la fortune, la liberté, le repos, le présent, l'avenir, la vie même se donnent à autrui. La voix de Golgotha retentit sans cesse aux quatre coins de l'univers, elle dit : Aimez-vous les uns les autres, et prouvez-vous cet amour en vous faisant du bien les uns aux autres.

C'est au Golgotha qu'est né le missionnaire qui va porter à travers des espaces immenses de terre et de mer la civilisation avec l'Évangile, à des peuples qu'il ne connaît pas, desquels il ne peut espérer que des résistances et des persécutions. C'est au Golgotha qu'est née la sœur de charité qui ensevelit sa jeunesse dans une école pour instruire l'enfance ignorante, dans un hospice pour soigner la maladie pauvre, qui se jette à travers les victimes de la peste ou de tout autre fléau pour les soutenir, pour les consoler, pour les guérir, sans demander autre chose qu'un peu de pain qui la nourrisse, qu'un vêtement grossier qui la couvre, qu'une couche dure qui répare ses forces. C'est au Golgotha qu'est née la dame de miséricorde qui quête pour le pauvre, qui le visite en sa misérable demeure, qui lui ménage du travail dans la mesure où il peut le supporter ; qui fournit à ses besoins et à ceux de sa famille ; qui panse ses plaies et nettoie sa tête comme faisait sainte Élisabeth, la grande reine de Hongrie.

Un homme, jeune, possesseur d'un bien considérable, ne songeait qu'aux fêtes et aux plaisirs. Un jour au milieu d'une course vagabonde et précipitée comme l'air, à travers les campagnes, il est arrêté par son cheval en face d'une croix ; c'est le Golgotha avec sa charité sans bornes, une parole qui semble sortir de cette croix lui dit : J'ai souffert et je suis mort pour toi ; qu'as-tu fait jusqu'à présent pour tes frères? Où est ton dévouement à leur égard ? Frappé comme d'un coup de foudre, il prend à l'instant la résolution de consacrer son temps et sa fortune à élever des enfants pauvres; et le jour même, il s'occupe d'exécuter cette charitable résolution.

Mais le but capital des souffrances de Notre-Seigneur Jésus-Christ, était de délivrer l'homme de celles de la vie future, et de le placer dans les conditions d'obtenir les joies de cette autre vie ; en un mot de lui faire éviter l'enfer et conquérir le ciel. S'il n'était pas nécessaire pour cette délivrance, ainsi que nous l'avons annoncé, que le divin Rédempteur souffrît autant qu'il a souffert, il le fallait assurément pour qu'elle nous profitât et que nous n'en devinssions pas plus coupables. Qu'est-ce à dire ? Écoutez : l'homme a mal usé de la création, il peut user mal de la rédemption ; sa liberté s'est laissé séduire après qu'il eut été tiré du néant ; elle peut se laisser séduire après qu'il a été retiré du péché. Son erreur au commencement fut de chercher sa félicité dans les choses créées et de substituer ses pensées, ses volontés à la place des pensées et des volontés de Dieu ; cette erreur, elle peut se renouveler, l'homme y est même plus enclin qu'au commencement, parce que les lumières qui devaient le conduire se sont obscurcies et que sa force morale a beaucoup diminué par la faiblesse qu'il a commise. Impuissant à se racheter de sa première folie, il a reçu le secours d'un Médiateur ; ses autres folies ne jouiraient pas de cet immense bienfait, dans le cas où il les emporterait avec lui à sa sortie de la terre. En cet état de périls extrêmes, il était bien urgent, bien indispensable que l'homme fût protégé, défendu contre lui-même, contre les illusions et les égarements de sa liberté ; que par quelque moyen d'un effet puissant il comprît le malheur qu'il aurait à subir, s'il mourait avec une conscience souillée. Or, c'est pour cela, c'est pour protéger l'homme contre ses tendances à méconnaître les ordres de Dieu, que le charitable Sauveur dans une pensée d'amour, forme le dessein de réunir en sa personne les plus grandes souffrances, se proposant par là, de faire voir à l'homme, en le plaçant sous ses yeux, le supplice qui l'attend au-delà du tombeau, s'il est assez ennemi de lui-même, pour y descendre l'ennemi de Dieu.

Désirez-vous la preuve de cette vérité? Il est facile de la donner. Notre-Seigneur nous la fournit lui-même d'une manière expresse lorsqu'il monte au Calvaire. Que dit-il aux femmes que la vue de ses douleurs attendrit jusqu'aux larmes. « Ne pleurez pas sur moi, » mais pleurez sur tous ceux que ma charité ne détournera pas de mal faire, d'oublier Dieu et de mépriser ses volontés. Car si le bois vert a été traité comme vous voyez que je le suis, de quelle manière le bois sec le sera-t-il ? Si le feu de la justice suprême a pris si vite et si ardemment à ma vie qui n'est coupable que, parce qu'innocent, je me suis chargé des iniquités de l'homme, avec quelle ardeur et quelle vivacité ne saisira–t–il pas le bois sec, ne brûlera–t–il pas les existences coupables par elles–mêmes, par des actes de leurs propres volontés?

Un des premiers officiers de l'Empereur est envoyé à saint Jean Chrysostôme pour en obtenir des concessions qu'il ne doit pas faire ; rapportant à son maître le refus du grand évêque, il ajoute : « Vous ne le vaincrez pas ; que pouvez-vous contre un homme qui ne redoute qu'une seule chose, l'enfer. » Eh ! bien, c'est pour répandre cette crainte salutaire dans le monde et pour y poursuivre ainsi la destruction du péché que le miséricordieux Sauveur veut être brisé, broyé, dévoré par la souffrance au point de s'écrier : *Mon Dieu, mon Dieu, pourquoi m'avez-vous abandonné* (1) ! Et c'est dans cette situation de douleurs extrêmes et d'extrême ignominie qu'il dit aux hommes : Voyez mon Calvaire, il vous annonce, il vous découvre un Calvaire plus terrible, plus sanglant auquel vous serez livrés après votre mort, sans qu'il vous soit possible d'échapper, si vous n'acceptez pas dans toute l'étendue de ses obligations, et telle que je vous l'ai prêchée, la transfiguration de vos âmes. Il se met avec son Calvaire

(1) S. Math., c. XXVIII, v. 46.

entre nous et les actions défendues afin de nous en détourner par le spectacle de ses souffrances et par son cri de détresse : *Mon Dieu, mon Dieu, pourquoi m'avez-vous abandonné!* Il se place avec son Calvaire à l'entrée des voies du désordre, de l'orgueil, de la cupidité, de la luxure, et il nous dit : N'entrez pas ici ; ne marchez pas dans cette voie ; n'y vivez pas ; gardez-vous surtout d'y mourir ; car vous rencontreriez un calvaire plus affreux que le mien, qui ne durerait pas seulement quelques heures, mais qui serait à jamais votre partage, où vous vous écrieriez dans les excès d'un irrémédiable désespoir : « Mon Dieu, mon Dieu, vous m'avez abandonné ! »

Hélas ! ces souffrances du divin Sauveur sont loin d'obtenir de nous, tant nous sommes aveugles et obstinés à nous perdre, la retenue qu'il se proposait de nous inspirer en se dévouant sans mesure. Nous entrons dans les voies funestes, nous y marchons avec une résolution d'entrain lamentable et une jactance de quiétude effrayante. Qu'eût-ce donc été, si nous n'avions pas eu pour nous instruire, l'agonie du jardin des Olives, la flagellation du prétoire, le crucifiement du Golgotha, sans toutes les circonstances du supplice de notre admirable Rédempteur! O Christ, vous n'avez pas assez souffert, puisque vos souffrances n'empêchent pas que l'iniquité n'abonde et ne règne de toutes parts. O Christ, oui, vous n'avez pas assez souffert! mais qu'ajouter à votre Passion, qu'y manque-t-il? N'avez-vous pas été torturé dans votre esprit, dans votre âme, dans votre cœur? Et y a-t-il place à une plaie de plus sur votre corps? O Christ, vous ne pouviez pas souffrir davantage et vous n'avez pas assez souffert. *Kyrie Eleison!* ô Christ, ayez pitié de nos folies, rendez-nous sages malgré nous, *Kyrie Eleison!*

C'est la croix, autel principal des souffrances divines, c'est sa vue, c'est son étude, c'est son intelligence qui rendent sage. Il faut donc l'exposer aux regards ; il faut que dans tous les lieux on la voie, on l'entende, on la comprenne, il faut qu'elle rassure les justes que le souvenir de leurs fautes accable et désespère ; il faut qu'elle effraie les pécheurs qui multiplient sans remords et sans effroi leurs iniquités. Placez-la partout : qu'elle inspire la compassion au riche au milieu de son abondance, au pauvre la patience au sein de sa détresse ; qu'elle rende moins pesant au travail le fardeau qu'il porte ; qu'elle éteigne la haine dans tous les cœurs ; qu'elle arrête le bras du crime ; qu'elle brise son insensibilité ; qu'elle inspire au juge autant de miséricorde qu'il lui est permis d'en avoir ; qu'elle ranime les défaillances ; qu'elle console les afflictions ; qu'elle entretienne l'énergie dans les peines ; qu'elle fortifie la maladie et l'infirmité ; qu'elle dissipe les tristesses ; qu'elle essuie les larmes ; qu'aucune existence n'expire, sans la regarder, sans l'embrasser, sans s'imprégner de sa vertu ; qu'elle éclaire la tombe et vivifie la mort !

La Croix ! Mais est-elle dans vos maisons ? Versez-vous à ses pieds le parfum d'une prière ardente ? L'interrogez-vous sur vos divertissements, sur vos plaisirs, sur vos affaires ? Est-ce le livre que vous lisez le plus habituellement ? Est-ce le miroir que vous consultez pour savoir si votre âme est pure ou souillée, laide ou belle devant Dieu ? La Croix ! est-elle dans vos maisons ? N'a-t-il pas fallu que l'Église en apportât une lorsqu'elle vint donner les derniers sacrements à votre père et à votre mère ? N'est-ce pas sur cette croix qu'ils ont collé leurs lèvres, versé les larmes de leur repentir, éclairé les regards de leur espérance, exhalé leur dernier soupir ? Cependant cette croix, l'Église l'a remportée. Vous n'avez donc pas le dernier soupir de votre père et de votre mère ! O perte ! O privation ! Il devrait y avoir dans chaque famille un crucifix qui recevrait tour à tour, et qui garderait les embrassements de l'heure suprême des membres de chaque génération et qui serait pour tous et pour toutes une relique sacrée en présence de laquelle on prierait ensemble et où les défunts donneraient aux vivants des leçons de vertu, de sagesse, de piété, de l'obligation de servir Dieu pour posséder la dignité, l'honneur, la félicité véritable en ce monde et pour s'assurer en l'autre, la plénitude de paix, de vie que nous appelons par d'ardentes, par d'incessantes aspirations.

Adorable Rédempteur, à l'heure où votre Passion approchait, vous disiez à votre Père : *J'ai gardé ceux que vous m'avez donnés, aucun n'a péri, excepté le fils de perdition.* Vous parliez de vos Apôtres qui se sont relevés de leurs fautes, et de Judas qui n'a pas voulu se repentir de la sienne. Avant de descendre de votre Calvaire où nous venons de contempler la suite de vos douleurs, nous vous prions de nous garder tous, afin qu'aucun de nous ne périsse, et qu'il ne se trouve parmi nous aucun fils de perdition. Nous vous en conjurons par vos plaies qui guérissent, par votre faiblesse qui donne la force, par votre mort qui fait vivre. Qu'aucun de nous ne périsse ! Versez une de vos larmes, une de vos sueurs, une goutte de votre sang sur les âmes ici présentes qui sont souillées, purifiez-les, transformez-les, transfigurez-les. Qu'aucun de nous ne périsse ! Imprimez et conservez profondément en nous le sentiment de vos souffrances ; que la pensée de leur rigueur et de leur étendue nous pénètre d'une crainte salutaire ; qu'elle nous retire du désordre et nous protége au milieu des occasions d'y tomber ; qu'elle soutienne notre courage dans les afflictions ; qu'elle nous embrase d'amour pour le prochain ; qu'elle nous fasse fuir tout ce qui est mal, pratiquer tout ce qui est bien, accomplir en tout et pour tout, votre sainte volonté ! *Fiat voluntas tua !* Qu'aucun de nous ne périsse !

Amen.

EXHORTATIONS DE NOTRE-SEIGNEUR

A CEUX QUI SONT TRANSFIGURÉS

ET A CEUX QUI NE LE SONT PAS

EXHORTATIONS DE NOTRE-SEIGNEUR

A CEUX QUI SONT TRANSFIGURÉS

ET A CEUX QUI NE LE SONT PAS

Surrexit, non est hic.
Il est ressuscité, il n'est pas ici.
(S. MARC, ch. 16, v. 6)

SIRE,

La Résurrection de Notre-Seigneur Jésus-Christ est le plus grand des miracles. Les termes dont se servent les Évangélistes, pour nous l'annoncer, en révèlent l'éclat et la magnificence ; ils disent : « Le Christ s'est levé, » *Christus surrexit!* Sur quoi Bossuet déclare avec sa haute parole, que le tombeau est pour Notre-Seigneur un lit de repos où il s'arrête

18

un instant, afin de se délasser des fatigues de sa Passion ; *Surrexit ! Il s'est levé !* Quel langage ! Il est aussi divin que le fait qu'il énonce ! Comme un homme qui quitte sa maison et qui s'en va où ses pensées l'appellent, le Christ, sans plus de difficulté, s'est levé de son sépulcre ; il est sorti, il est allé à ses affaires, recevoir ses Apôtres au lieu qu'il leur a indiqué, les convaincre de sa résurrection et commencer les leçons et les conseils qu'il juge nécessaire de leur donner au sujet de la conquête du monde dont il les charge. *Surrexit, non est hic !*

Mais cette même parole doit être dite de chacun de nous ; il faut que l'Ange, à la garde duquel nous avons été confiés, déclare, à la porte de notre conscience, que nos âmes ne sont plus dans leurs tombeaux ; qu'elles se sont retirées de leurs iniquités. Aussi bien la Résurrection corporelle de notre divin Maître, comme tous ses autres prodiges, a pour fin notre résurrection spirituelle.

Or, nos sépulcres sont-ils vides, en sommes-
nous sortis, avons-nous recouvré la transfiguration de notre âme ? Quelle réponse fai-
sons-nous au-dedans de nous-mêmes à cette
question ? Il en est qui répondent qu'ils sont
transfigurés : il en est qui répondent qu'ils ne
le sont pas. Notre divin Sauveur adresse aux
uns et aux autres des exhortations particulières. Elles vont faire le sujet de ce dernier
discours.

PREMIER POINT.

Notre - Seigneur dit dans l'Évangile :
« L'heure est venue où ceux qui sont ensevelis
entendront la voix du fils de l'homme et sorti-
ront de leurs tombeaux. » Cette heure, pour
les morts spirituels est toujours présente ; cependant l'époque du Carême, de la Passion et
de la Résurrection du Sauveur, cette époque
de grandes et sévères solennités est surtout
l'heure où le fils de l'homme fait retentir sa

voix dans les consciences, et où les pécheurs, qui s'agitent sous les impressions de cette voix miséricordieuse, revivent, se lèvent et marchent. Notre-Seigneur en voit sans doute plusieurs dans cet illustre·auditoire; il les exhorte à ne plus mourir, à ne plus descendre dans leur sépulcre, et il leur indique trois moyens efficaces et nécessaires de persévérer dans la vie : la réflexion, la fuite des occasions et l'occupation ou le travail.

Et d'abord la réflexion. Le Prophète annonce que le désordre et la désolation remplissent le monde, et la raison qu'il en donne c'est qu'il n'y a personne qui réfléchisse en son cœur. *Nullus est qui recogitet corde* (1). Ainsi pour ne pas mourir spirituellement, pour recouvrer la vie de la grâce et pour la conserver lorsqu'on l'a recouvrée, il faut réfléchir. Mais sur quoi réfléchir? Comment

(1) Jérémie, c. XII, v. 40.

réfléchir? L'Esprit saint nous le déclare : *Rappelez-vous*, dit-il, *vos fins dernières et vous ne pécherez jamais* (1). Les fins dernières c'est la mort, sa certitude comme fait et son incertitude pour l'heure et la manière ; c'est le jugement qui la suit aussitôt, ce sont les éternelles joies ou les misères éternelles dont la sentence y est prononcée ; ce sont les solennelles maximes de notre adorable Docteur : *Que servirait-il à l'homme d'avoir possédé tout l'univers, s'il venait à perdre son âme, et que pourrait-il donner qui fût accepté pour la racheter? Celui qui me reniera devant les hommes, je le renierai devant mon Père; il eût mieux valu pour 'lui qu'il ne fût jamais né. Malheur à la richesse, à la joie, à la satiété qui vivent sans règle; plus tard,* « dépouillées de tout, elles auront faim, » *elles pleureront. elles grinceront des dents.*

(1) *Eccles.*, c. **VI**, v. 40.

Toutes les paroles, toutes les actions, toutes les œuvres de Notre-Seigneur Jésus-Christ ; ce qu'il a dit, ce qu'il a fait ; ce que nous sommes, ce que nous devons être, ce que nous serons inévitablement plus tard ; notre destinée présente et future, les obligations à remplir, les vertus à pratiquer, les vices à éviter, voilà les sujets de nos réflexions à faire, sont-ils assez nombreux, pourraient-ils être plus importants ?

Mais la réflexion de notre part, pour qu'elle nous profite, il ne faut pas qu'elle soit un coup d'œil superficiel ; elle doit être un regard ferme et scrutateur appliqué au fond des choses, qui les pénètre, qui les éclaire, qui les saisit dans leur ensemble et leurs détails, qui apprécie leur valeur, qui en tire les conséquences pratiques, qui fixe les règles de la conduite, qui marque pour ainsi dire les pensées, les sentiments et les volontés qu'il faut récolter et emporter avec soi. Réfléchir ainsi, c'est *réfléchir en son cœur*, comme parle le prophète Jérémie, c'est se retirer dans son intérieur, dans la partie la plus secrète, la plus intime, la plus silencieuse de soi-même ; c'est s'y recueillir après avoir fermé soigneusement toutes les issues aux affaires et aux plaisirs ; c'est, dans ce sanctuaire, en présence de Dieu seul, examiner la vie, son but, son prix, son intérêt capital, l'avenir qui l'attend, les dangers qui l'environnent, les apparences qui la séduisent, les illusions qui la trompent, les imaginations qui l'égarent. C'est en un mot, se nourrir de vérité, se nourrir de l'Évangile, se nourrir de Notre-Seigneur Jésus-Christ : *L'homme ne vit pas seulement de pain mais de la parole sortie de la bouche de Dieu.*

Alors la conscience du devoir, de la nécessité et du bonheur de l'accomplir est soutenue, fortifiée ; elle garde sa précieuse sensibilité ; elle aime l'ordre, et l'ombre

seule du mal la fait frémir ; alors la résolution de ne pas rentrer dans le sépulcre moral
d'où l'on est sorti, est énergique ; ni les efforts à faire, ni les privations à supporter,
ne l'effraient ; et si pour persévérer elle a
comme une montagne escarpée à gravir,
elle l'attaque avec fermeté, la raideur des
pentes ne la décourage pas, elle sait qu'elle
peut en venir à bout ; elle évite avec soin
les endroits dangereux, les occasions où elle
a failli et où elle courrait le risque de faillir encore. Cette fuite des occasions dangereuses est le second moyen de la persévérance
dans la vie spirituelle.

L'Écriture sainte déclare que *celui qui
aime le péril*, qui le cherche, qui n'est pas
attentif à l'éviter, *y trouvera la mort*. Que
faut-il entendre par ce péril ? Sans aucun
doute, les occasions dangereuses. Elles sont
des rayons solaires qui aveuglent, des vents
furieux qui renversent, des pentes escarpées

qui précipitent, des courants impétueux qui emportent, des hauteurs à pic qui donnent le vertige. Personne n'oserait nier la vérité de ces assertions, la justesse de ces comparaisons ; ressuscités et morts ici présents en conviennent également à cause de ce qui leur est arrivé. La conclusion pratique à tirer est donc bien claire et bien simple : il faut éviter et ces rayons, et ces vents, et ces pentes, et ces flots et ces hauteurs. L'expérience faite doit servir et empêcher qu'elle ne se renouvelle, autrement l'on devient semblable aux eaux de la mer qui prennent, quittent et reprennent tour à tour au rivage, les souillulures qu'elles ont dans leur sein.

L'on peut affirmer comme certaine la rechute d'une âme qui ne craint pas de s'exposer de nouveau à des occasions dont elle connaît toute la force sur elle, force si puissante et si grande qu'elle en a toujours été victime, sans la surmonter peut-être, même une seule fois. Pourquoi s'en étonner? Quand on connaît l'économie des opérations de la grâce ou de l'assistance divine, dont nous avons un besoin absolu ; l'on sait qu'elle délaisse ceux qui se jettent de leur propre mouvement au milieu des occasions dangereuses, sans aucun égard aux avertissements de leur conscience qui leur rappelle qu'ils en sont toujours sortis meurtris, brisés, morts en un mot. La grâce ne vous abandonnerait pas, elle croîtrait au contraire comme lumière et comme énergie, si vous vous trouviez dans une occasion dangereuse malgré vous, sans l'avoir cherchée, et avec la disposition d'esprit et de cœur, qui vous l'aurait fait fuir, si vous aviez pu vous douter de sa rencontre. Oui, vous auriez dans ce cas pour vaincre l'occasion, toute l'assistance divine qui vous serait nécessaire, nulle faute de présomption ou d'aveuglement n'ayant été commise de votre part et ne pouvant vous être reprochée.

Mais lorsque vous tentez Dieu, selon le langage des Saintes Lettres, c'est-à-dire lorsque vous voulez qu'il vous protége dans des conjonctures où il ne s'est pas engagé à le faire, bien plus où il vous a positivement déclaré qu'il ne le ferait pas, votre mort spirituelle est inévitable, telle résolution d'ailleurs que vous ayez prise et que vous portiez en vous-même d'y échapper. La vigueur que vous pensiez avoir, cette vigueur invincible, ainsi que vous la nommiez, et que vous vous imaginiez la sentir au dedans de vous, s'évanouira, votre édifice moral s'affaissera sur lui-même et vous serez en ruines. La témérité de l'esprit ou plutôt son aveuglement par l'effet de la passion qui est contenue mais non éteinte, le porte à dire quelquefois qu'il saura bien ne s'avancer dans l'occasion dangereuse qu'avec sagesse et précaution, qu'il saura bien se garder, se contenir, s'arrêter. Erreur, souveraine erreur!

Vous éprouveriez en osant la suivre, ce qui vous arriverait si vous engageant sur les terrains élevés perpendiculairement auprès de l'Océan, vous vous avanciez de plus en plus vers le bord, en disant que le sol est ferme sous vos pas, il céderait tout-à-coup et vous tomberiez avec lui, d'une chute qui vous briserait et qui vous mettrait en pièces. Il n'y a qu'un moyen de salut avec l'occasion dangereuse, un seul, la fuite. Fuyons donc. On ne joue ni avec le feu, ni avec la bête féroce, autrement l'on est brûlé par l'un et dévoré par l'autre tôt ou tard. Mais pour que vous ayez la pensée de cette fuite, ou ce qui est mieux encore, pour que vous n'ayez pas même l'idée de l'occasion dangereuse, occupez votre vie, vos facultés, votre temps ; troisième moyen de ne pas retomber dans la mort de l'âme.

Lorsque vous êtes désœuvrés, vous vous trouvez à la merci des rêves ou des souvenirs

de votre imagination, et comme il faut que
vos énergies d'esprit et de corps se dépensent
d'une façon ou d'une autre, si ce n'est pas à
l'application et aux actes d'un travail salutaire, ce sera dans la dissipation et l'effervescence des mauvaises convoitises. L'occupation est toujours nécessaire, mais plus encore
quand on a été souvent et gravement leur
victime. L'empire qu'elles exerçaient et qu'on
a brisé, se rétablit avec le désœuvrement
presque aussitôt. Saint Jérôme dans la grotte
de Bethléem pour échapper aux obsessions
des souvenirs de Rome, de ses fêtes, de ses
pompes, de ses joies enivrantes, se mit à
étudier la langue hébraïque, consumant dans
cette étude ses journées et ses veilles, et par
là se rendant fort de plus en plus contre la partie matérielle de son être. Lorsque le soleil
monte sur l'horizon, on dirait qu'il sort de la
nuit successivement ; c'est l'image de l'homme
qui sait occuper son temps ; il sort de l'en-

gourdissement ; son activité, qu'il applique
utilement, l'élève au-dessus des ténèbres et
des bassesses, des folies et des corruptions de
la vie, il monte dans la lumière, dans la dignité, dans la beauté morale.

Mais à quoi donc occuper son temps de
manière que l'occupation fixe, subjugue, enchaîne les facultés diverses de l'âme, et ne
les laisse pas s'égarer dans le vague, dans la
chimère et ainsi dans le désordre ? Il est facile
de résoudre cette question et de montrer aux
personnes qui s'imaginent qu'il leur est
permis de vivre sans rien faire, de consommer,
comme on dit, et de ne rien produire d'utile,
qu'elles se trompent étrangement, que la loi
du travail oblige toutes les existences, qu'il
n'en est aucune à qui Dieu ne l'ait rigoureu-
sement imposée et qui ne doive recevoir de
la pratique de cette loi, sa première noblesse, et sa véritable grandeur. Pourquoi
ces vérités ne sont-elles pas mieux connues et

mieux comprises? C'est pour cela que l'on voit des existences chercher dans les flétrissures de la conduite, un état scandaleux de bien-être, au lieu de demander les nécessités de leur vie à un travail honorable, si simple et si pénible qu'il puisse être d'ailleurs. L'oisiveté engendre ou appelle l'oisiveté, et l'une et l'autre combinées ensemble, entassent au sein des sociétés, corruption sur corruption.

Mais ne nous éloignons pas de la question que nous avons à résoudre ; il ne s'agit pas de rappeler la loi du travail, il s'agit de montrer qu'il est possible à toutes les classes ; et il faut bien qu'il le soit, autrement il s'en suivrait l'une ou l'autre de ces deux choses, ou que Dieu n'a pas ordonné le travail à tous les enfants d'Adam, ou qu'il en est qui ne peuvent pas remplir l'ordre divin. Il y a des travaux de diverses natures. Il y en a pour le corps, pour l'esprit, pour l'âme et pour le cœur. Dans l'ensemble de ces travaux, chacun

de nous a sa place. Les travaux du corps,
vous en savez les opérations. Ceux de l'esprit,
c'est la science, les lettres, les arts ; ceux de
l'âme, c'est l'administration, c'est la magistrature, c'est le sacerdoce, c'est l'armée, ce
sont les fonctions publiques ; ceux du cœur,
c'est le dévouement, c'est la charité, c'est
l'assistance fraternelle avec tous ses actes et
toutes ses œuvres. Certes, il doit nous apparaître qu'au milieu de ces travaux réclamés
par les exigences de la société qui est corps,
âme, esprit et cœur, et qui a des besoins cor-
respondants à ces différentes parties d'elle-
même, il n'est personne qui ne puisse trouver
facilement à s'occuper.

Mais il est un ordre de travail et des plus
nécessaires qui doit être la tâche des personnes qui s'imaginent n'en avoir aucune à
remplir. La société a besoin de bonnes
mœurs ; qui oserait le contester ? Elles sau-
vegardent la famille et par cela même la so-

ciété qui est l'agrégation d'un certain nombre de familles. Or, les bonnes mœurs se composent de principes et de faits, de croyances religieuses et d'actes légitimes ; les croyances sont l'âme des actes dont elles produisent ainsi la régularité. D'autre part, les relations que les hommes ont entre eux au sein de la société où ils se pénètrent mutuellement pour la manière de penser et d'agir, communiquent à la conduite de chacun et surtout à celle des grands qui sont plus en vue, qui occupent une place plus considérable au milieu de la situation commune, une puissance telle sur les mœurs publiques qu'elle les modifie en bien ou en mal, selon la nature des exemples qu'elle donne.

Or, n'est-ce pas un noble, un salutaire travail que celui qui se propose de contribuer par l'efficacité de l'exemple, au maintien et au progrès des bonnes mœurs ? Ce travail ne doit-il pas être mis au-dessus de tous les

19

autres, et ne mérite-t-il pas d'être nommé
travail sauveur? Des hommes s'occupent de
fournir à leurs semblables les choses nécessaires de la vie matérielle, de la vie intellec-
tuelle, artistique, de la vie administrative,
judiciaire, religieuse, en un mot de la vie
de toutes les branches de l'arbre social. Mais
le tronc de l'arbre, ce sont les mœurs publiques; bonnes ou mauvaises, elles le font
prospérer ou mourir; et la sève ce sont
les croyances, la connaissance, l'amour et
la pratique de la vérité. Eh! bien, n'est-il
pas évident que le travail qui s'applique à
la conservation de la sève de cet arbre, en
maintenant en soi l'empire des saines doctrines et en le faisant rayonner hors de soi
par les actes d'une conduite exemplaire,
est des plus indispensables, des plus salutaires et des plus glorieux? Dieu le veut ce
travail, il nous l'impose à tous; mais à vous
plus spécialement auxquels il a donné des

loisirs en abondance; il vous ordonne de vous exercer à connaître, à aimer, à faire de plus en plus la vérité, à devenir des astres dans le bien pour le manifester, le protéger et y ramener; à être des levains de vertu qui la fasse fermenter et dominer contre la corruption au milieu du monde.

Demanderons-nous encore où est le travail qui nous concerne? Celui que nous venons d'indiquer ne vous manquera jamais; toujours subsistera sa nécessité; toujours il faudra soutenir par l'exemple surtout et par la parole, les bonnes mœurs sans cesse attaquées, non moins dans leurs principes que dans leurs actes; toujours il faudra que la vertu en lutte incessante avec le vice, ait ses ouvriers actifs et généreux qui en étalent dans leur conduite, l'obligation, la beauté, la magnifique splendeur. Ce travail dont il est vrai de dire qu'il est une prière, *qui laborat orat*, vous préservera plus que tout

autre du malheur de la perte de votre transfiguration ; car les autres travaux ne vous
préservent de ce malheur que parce qu'ils
occupent vos facultés, et que le désordre ne
vous trouvant pas oisifs, ne vous trouve pas
à sa disposition. Mais le travail de se sanc-
tifier pour contribuer à la sanctification du
prochain, est l'opération même de vous
préserver du mal, de vous attacher chaque
jour davantage au bien, de vous établir, de
vous fortifier, de vous fixer dans sa pratique.

Saint Paul déclare que le divin Sauveur
n'est mort qu'une fois, que ressuscité, il ne
meurt plus et qu'il est le modèle de notre
résurrection spirituelle. Hélas ! nous sommes
morts bien des fois par le péché, bien des
fois nous avons repris son triste linceul ;
maintenant que nous sommes ressuscités,
ne mourons plus, cessons de passer alterna-
tivement de la vie à la mort, de la mort à la
vie, de la lumière aux ténèbres et des ténè—

bres à la lumière, de la justice à l'iniquité
et de l'iniquité à la justice, du bien au mal et
du mal au bien. Voilà ce que Notre-Seigneur
dit à ceux d'entre nous qui lui ont demandé
et qui ont reçu de lui leur transfiguration ;
que dit-il à ceux qui ne la lui ont pas demandée, et qui ne l'ont pas reçue ?

DEUXIÈME POINT.

Tous les morts ne sortent pas de leur
tombeau à l'époque de Pâques qui devrait
être celle de la résurrection générale des
âmes. Ils n'en sortent pas ; les uns, pour
ne pas vaincre de vieilles et illégitimes
habitudes ; les autres, par suite d'une négli-
gence prolongée ; ceux-ci, pour n'avoir pas
assez conscience de la nécessité de ressusciter chrétiennement, au moins une
fois chaque année ; ceux-là, enfin parce
qu'ils sont enveloppés dans une nuit qui

n'est pas celle de l'incrédulité, nuit profonde et si dangereuse, mais celle du doute, nuit mêlée de quelques clartés, nuit dangereuse aussi, qui augmente lorsqu'on laisse passer les solennités de la sortie des âmes de leurs sépulcres sans en sortir soi-même, et sans éprouver peut-être des remords sous les coups de la voix du Seigneur qui ordonne de les quitter. Mais tous ces ensevelis ont assurément la volonté de revivre tôt ou tard. Il n'en est aucun qui osât passer du temps à l'éternité avant de s'être retiré d'entre les bras du péché. Ils savent bien que la destinée future doit être, une fois ou l'autre, traitée avec la plus rigoureuse attention, qu'il y aurait folie extrême à ne pas même lui donner l'intérêt du jeu des enfants qui jettent une pièce de monnaie dans les airs en appelant l'une ou l'autre de ses deux faces.

Vous tous qui êtes actuellement dans la

mort, ayez soin, pour que votre volonté de
ressusciter un jour ne soit pas vaine, d'entretenir en vous la foi, de prier et d'exercer la
charité. Et d'abord, veillez à la conservation
de votre foi, faites que loin de s'affaiblir, elle
croisse pour que sa force vous détermine enfin à remonter sûrement à la vie. L'histoire
rapporte que des existences d'élite avaient la
charge d'entretenir dans le temple le feu sa-
cré, c'était la mort que subissait celle qui le
laissait éteindre. La foi est une lumière qu'il
faut garder dans votre âme ; si vous l'y lais-
siez s'éteindre, la mort éternelle, la souffrance
sans terme et sans mesure, serait votre partage.

Or, comment entretenir la foi ? Par des lectures et par des conférences avec le savoir qui
la possède étendue et lumineuse. Au reste,
nul bonheur d'impressions n'est comparable
à celui qu'elle fait éprouver lorsqu'on se livre
à son étude et à ses contemplations. Vous sa-

vez qu'elle a trois aspects ou trois parties : l'examen, la soumission absolue et l'intuition. Elle présente ses titres d'autorité divine à la raison qui les discute et les reconnaît véritables ; la raison alors écoute prosternée ce qu'elle lui enseigne, elle le confesse les yeux fermés ; ensuite elle ouvre ses yeux et fortifiés qu'ils sont par la certitude qu'elle possède de ne pas se tromper, ses intuitions de la vérité commencent. Elle en voit, comme d'une cîme élevée, les horizons qui se développent dans une harmonie parfaite avec ses pensées, les mystères les plus profonds se dépouillent de leurs obscurités pour elle, ce qui lui fait dire par la bouche de saint Augustin, de Bossuet et d'autres encore : Je ne crois pas, je vois. Ses jouissances sont grandes, bien plus que celles des spectacles, des concerts, de toutes les fêtes de jour et de nuit du monde. Une femme considérable par son esprit et par les hautes positions officielles de sa famille, se donnait la félicité de ces grandes contemplations de la foi, par la lecture des Pères et des Docteurs de l'Église. On la trouvait souvent au milieu d'eux dans les visites particulières qu'elle recevait. Ses réponses aux étonnements qu'on lui marquait sur cette société, étaient toujours : « Que voulez-vous, ils pensent et ils parlent si bien ! je me sens grandir dans leur conversation ; laquelle pourrais-je avoir qui la valût ? Mon esprit s'éclaire, mon âme s'améliore, mon cœur surabonde de joie en les écoutant. »

On ne cesse de se plaindre qu'il n'y a plus aujourd'hui de ces foyers d'entretien dont quelques-uns furent célèbres et qui contribuaient beaucoup à la conservation des saines doctrines et de la politesse des mœurs. Mais s'ils n'existent plus parmi les vivants, il faut les chercher parmi les morts. La Religion toutefois a les siens parmi les vivants comme parmi les morts. Ses révélations, et tout ce qui s'y rattache, elle les enseigne par des paroles de vive voix et par des écrits. C'est en écoutant les uns et les autres que votre foi se conservera, que ses lumières croîtront et que vous entendrez ses exhortations vous répéter ce qu'elles disaient à saint Augustin pécheur : *Levez-vous, sortez du milieu des tombeaux*, et qu'à l'exemple de ce puissant génie, vous vous lèverez et vous en sortirez.

Le second moyen qu'il employa pour sa résurrection et que vous devez employer comme lui c'est la prière. La grande erreur, par conséquent la grande misère de l'homme, est de croire qu'il peut se suffire à lui-même pour les nécessités de son existence morale ; qu'elle dépend de sa volonté et qu'il ne tient qu'à lui soit de la conserver, soit de la recouvrer. Hélas ! cette illusion fatale le perd et l'amène à ne plus croire à la vie morale ou du moins à en réduire les obligations à son gré, flétrissant la conduite de ceux qui les violent

en certains points, la probité par exemple, et
ne se faisant pas scrupule de les violer lui-
même en d'autres points, par exemple en ce
qui concerne la pureté. Puis, le mal gagnant
de plus en plus, par une logique invincible,
avec le temps il ne reste plus rien dans l'esprit comme principe de la vie morale, et plus
rien dans la conduite pour ce qui est des habitudes de cette vie. L'existence arrive de la
sorte à légitimer toutes les impulsions de la
nature et à n'appeler mauvaises que celles
dont la satisfaction rencontre des obstacles
insurmontables.

Nous ne pouvons rien sans Dieu. Si dans
l'ordre matériel, pour nos corps, pour leur
subsistance, sa bénédiction nous est indispensable et que s'il ne la donnait pas, notre
travail, nos sacrifices pour féconder la terre,
resteraient impuissants, de même dans l'ordre
spirituel pour nos âmes, pour qu'elles vivent
par la pratique des vertus, la bénédiction de

Dieu ou sa grâce nous est d'une absolue nécessité. Voilà ce qu'attestent toutes les pages
des Livres sacrés, toute la doctrine du divin
Maître, tous les enseignements de l'Église, la
parole de tous les Docteurs, comme l'exemple
de tous les Saints.

O vous donc, morts spirituels, qui êtes
couchés dans vos sépulcres depuis des années et des années, qui chaque jour vous y
enfoncez davantage, ou davantage scellez la
pierre dont vous êtes couverts, ah ! pour que
la volonté qui vous anime maintenant de
ressusciter plus tard, vous soit conservée et
que vous ayez le bonheur de cette résurrection, ne cessez d'en demander à Dieu la grâce
par d'ardentes prières et par les plus vives
supplications. Dites souvent de tout votre
cœur à Notre-Seigneur Jésus-Christ, ce que
dit à son Maître dans l'Évangile le serviteur
qui sollicite du délai pour s'acquitter de ce
qu'il lui doit : « Ayez patience en moi, je

vous rendrai tout plus tard : *Patientiam habe in me, omnia reddam tibi*(1). » Dites aussi : « Du fond de ma faiblesse, je crie vers vous, Seigneur, que votre miséricorde qui est copieuse m'attende, qu'elle me protége contre les rigueurs de votre justice. *De profundis ad te clamavi, Domine* (2). » Si vous gémissez de la sorte, il est à croire que votre résurrection s'opérera certainement et que l'Ange, envoyé par Dieu pour faire sortir les âmes de leurs tombeaux, viendra secourir la vôtre, avant que sonne la dernière heure de votre existence ici-bas.

La prière faite dans des sentiments de désir et d'espérance avec la conscience des faiblesses où l'on est enseveli et avec la confiance en la miséricorde de Dieu qu'on implore, est si puissante que ce n'est pas seulement du milieu des morts à la grâce,

(1) S. Math., ch. xviii, v. 26.
(2) *Ps.* cxxxix, v. 1.

mais aussi du milieu des morts à la vérité,
qu'elle fait sortir, qu'elle ne rend pas seulement la vie de la vertu, mais qu'elle rend la
vie de la foi. Écoutez à ce sujet l'histoire
d'un homme dont la carrière fut celle de la
magistrature et qui en exerça les fonctions
dans une des principales villes de notre
bien-aimée patrie. Les négations impies de
la croyance chrétienne à la fin du dernier
siècle avaient ravagé cet esprit au point
de le dépouiller de l'idée même de Dieu,
principe éternel, souverain créateur et con-
servateur de toutes choses. Cependant le
vide religieux où il se trouvait, le faisait
souffrir, il ne pouvait en supporter le poids
et de fréquentes excitations intérieures le
poussaient à le combler. Un jour où ses angoisses étaient plus grandes, se promenant
au milieu de la campagne, il rencontre une
église écartée; il y entre, et là, seul, il s'é-
crie : « O Christ, le Dieu de ma mère, elle était

si parfaite que c'est bien une raison puissante de croire en vous ; et pourtant, depuis ma jeunesse, j'ai cessé de vous confesser. On dit que vous résidez dans ce tabernacle, que vous y êtes réellement. Ah ! si c'est vrai, ayez pitié de moi ; répandez votre lumière au sein de mes ténèbres, je vous en conjure par mes souffrances et par les vertus de ma mère. » A l'instant, une vive clarté jaillit dans cet esprit, il est frappé de la gloire du Christ, quelques ombres la couvrent encore à ses yeux, mais ces ombres s'effacent avec le temps ; la réflexion et l'étude les dissipent entièrement. Cet aveugle voit, ce muet parle, ce sourd entend, ce paralytique marche, ce mort, deux fois mort, ressuscite. Il veut que son exemple profite à d'autres égarés ; dans ce but, il publie un livre où il raconte comment de l'abîme de l'athéisme, il est remonté à la connaissance et à l'adoration du Sauveur Jésus.

Par combien d'autres faits de cette nature,
ne pourrions-nous pas en les rappelant, vous
montrer la toute-puissance de la prière pour
transfigurer les âmes, lorsqu'elle est l'expression d'une grande foi, d'une ardente espérance, d'une profonde humilité et d'un vif désir d'être exaucé. Qu'elle veille donc comme
un ange auprès de votre tombeau moral et
qu'elle en éloigne tout ce qui pourrait, soit
pensées de vous, soit punitions de Dieu, vous
y faire rendre le dernier soupir. Il est un autre ange qu'il faut placer également auprès
de votre tombeau, pour qu'il y veille aussi
et qu'il vous préserve de l'épouvantable ca-
lamité de ne pas en sortir avant d'entrer dans
l'éternité. Ce second ange, c'est la charité.

Nous voyons dans les Actes des Apôtres un
messager céleste envoyé à un capitaine romain du nom de Corneille auquel il dit :
« Vos prières et vos aumônes sont montées
vers le Seigneur, elles vous ont mérité sa mi-

séricorde ; faites appeler l'apôtre Pierre qui est à Joppé, il vous enseignera la voie du salut. » Ainsi les deux forces de l'homme pour connaître la vérité, pour vivre dans la soumission qui lui appartient, pour refaire en soi cette soumission lorsqu'on l'a brisée, en un mot pour remonter du sépulcre de l'âme et n'y pas redescendre, pour rompre avec le péché et ne pas retomber sous son joug, ce sont la prière et la charité ; la charité accomplie dans un sentiment de religion, c'est-à-dire en union avec la pensée de Dieu qui nous commande d'assister la détresse selon nos moyens, quelles que soient sa nature et son étendue.

Elle est formelle et bien magnifique cette parole du divin Maître : *Un verre d'eau froide donné en mon nom recevra sa récompense* (1). Épelez cette phrase adorable, dont chaque mot est une lumière et commande la

(1) S. Math., c. X, v. 42.

confiance. C'est peu qu'un verre d'eau froide,
aussi peu que possible ; si l'on devait en élever la température, il faudrait un sacrifice de
temps si minime qu'il fût, et si minime qu'elle
fût également, une dépense matérielle ; ce
n'est donc rien ou presque rien que le don
d'un peu d'eau froide fournie à la soif qui en
a besoin. Or, ce don ne restera pas sans récompense, des grâces efficaces lui seront ac-
cordées, grâce de la conservation de la foi,
grâce des tourments salutaires dans le péché,
grâce de l'affranchissement des mauvaises habitudes, grâce de la transfiguration spirituelle
sur cette terre ; et après cette terre, grâce
de la glorieuse transfiguration dans le ciel.

Ne nous étonnons pas de cette puissance
de la charité. Qu'est-ce que la Religion ? Une
grande charité faite à la misère de l'homme,
à la misère de son esprit, de son âme, de son
cœur, de son corps ; à sa misère dans le
temps, à sa misère pour l'éternité, l'aumône

de la miséricorde et du pardon, l'aumône de
la vue de Dieu, qui n'était pas due à sa nature, qu'il avait perdue après l'avoir reçue
et qu'il lui était impossible de recouvrer
par lui-même. Donc toutes les fois que vous
donnez quelque chose de ce qui est à vous,
aux nécessités de l'un de vos semblables,
vous êtes dans les idées, dans les sentiments, dans l'essence de la Religion. Elle est
un don d'amour de la part de Dieu à la détresse
humaine, votre charité est un don d'amour
de votre part à la détresse de votre prochain ;
pourrait-il être plus clair et plus visible le
rapport de similitude qui s'établit par votre
action entre Dieu et vous, n'est-ce pas alors
qu'il vous est permis de dire : J'ai du moins
un trait de ressemblance avec le Christ qui
s'est donné, Lui, sans mesure ? Et n'est-ce
pas alors que l'abondance de ses bénédictions vous est assurée. *Un verre d'eau froide
donné en mon nom recevra sa récompense.*

Le pêcheur s'unit à Dieu par la prière ; par la charité, il s'unit à son semblable. Ces actes, s'il les accomplit dans le Médiateur, en lui et avec lui, l'on peut affirmer qu'un jour par la grâce de Dieu que l'aumône aura obtenue, se levant de la mort et recouvrant la vie, il sera à cette heure de salut, tout ce qu'il doit être, vraiment le disciple de Jésus-Christ et vraiment l'enfant de Dieu. C'est ainsi que l'aumône est la planche du naufragé pour rentrer au port, la clarté du voyageur au sein des ténèbres pour ne pas s'égarer tout à fait, la pulsation du moribond pour reprendre mouvement et santé. C'est ainsi, selon des comparaisons de notre Maître, que l'aumône entretient, pour qu'il se rallume, le lumignon qui fume encore, et qu'elle conserve sur sa tige, pour qu'il y reverdisse, le roseau à demi brisé.

Donnez donc, donnez à la misère, vous tous qui n'avez pas demandé, en ce temps-ci comme vous le deviez, la transfiguration de vos âmes et qui ne la possédez pas, donnez d'autant plus à l'infortune que vous êtes plus infortunés. Couvrez-vous si abondamment de miséricordieuses largesses que vous en soyez tout enveloppés et qu'ainsi la justice divine, que la charité conjure, ne trouve pas où vous frapper.

Il la faut craindre cette justice, elle est sévère et si l'on ne se rend pas aux invitations de l'*Agneau qui efface les péchés du monde*, on doit s'attendre aux rugissements du *lion de Judas* comme parle la Sainte-Écriture. Notre-Seigneur, dont nous célébrons aujourd'hui la merveilleuse sortie du tombeau et que nous aurions dû célébrer en quittant tous le sépulcre de nos âmes, est le Roi IMMORTEL DES SIÈCLES (1); à son nom, tout genou doit fléchir sur la terre, ainsi qu'à son nom tout

____

(1) S. Paul, Ire à *Tim.*, c. I, v. 17.

genou fléchit au ciel et dans les enfers. Son règne dure depuis longtemps, il durera long-temps encore, il n'aura jamais de fin. *Le Christ*, dit saint Paul, *est aujourd'hui ; il était hier ; il sera toujours ; Christus heri, hodie et ipse in sæcula* (1). Il est l'Immortel.

Écoutez à ce sujet la confession du chef de la dynastie qui nous gouverne. A la suite de ses prodigieuses campagnes d'Italie, à travers lesquelles il était apparu comme le Génie des batailles, frappant de stupeur autant que d'admiration le monde entier, il recevait des félicitations dans ce palais de Milan où la France est entrée de nouveau naguère avec un autre glorieux capitaine, à la tête d'une armée non moins vaillante. Au milieu des louanges qui lui étaient adressées avec enthousiasme et qu'il avait certes magnifiquement conquises, on lui déclarait qu'Alexandre et César ne

(1) S. Paul, *aux Hébr.*, c. xiii, v. 8.

pouvaient lui être comparés, qu'il était immortel. A ce mot, il s'arrête devant un Crucifix, attaché à la muraille, le fixe, le montre et dit : « Le voilà, l'Immortel! »

Immortel Roi des siècles, la mission que nous remplissions ici de votre part s'achève. Elle était rendue facile par la foi de l'Empereur et de son auguste Compagne, avec laquelle il suffit d'avoir eu l'honneur de s'entretenir, ne fût-ce qu'une fois, pour savoir quelle grande aptitude aux choses sérieuses et élevées, elle a reçue de vous.

Divin Sauveur, nous sommes monté dans cette chaire sur l'appel de l'Empereur; qu'il nous soit permis de lui apprendre que le chemin nous en a été ouvert par sa Famille. Notre premier pas dans le sanctuaire s'est fait sous les auspices et avec l'invitation du Pontife qui gouverna pendant le premier quart de ce siècle l'illustre Église de Lyon. C'est la main de ce Cardinal de digne mé-

moire, qui marqua notre tête du signe que
doivent porter ceux que vous destinez au
service de vos autels.

Eh! bien, ô mon Dieu, sous le coup de
ces deux impressions, celle du passé et celle
du présent, celle d'autrefois et celle d'aujour-
d'hui, nous vous disons dans les sentiments
du désir le plus ardent et de la plus ardente
prière : Bénissez l'Empereur! Il est impossible de ne pas vous voir dans son élévation
au trône, de ne pas admirer aussi les facultés
supérieures dont vous l'avez comblé et dont
la France se ressent si précieusement pour sa
prospérité intérieure et pour sa grandeur au
dehors.

Mais, ô mon Dieu, plus vous donnez, plus
vous exigez; la responsabilité envers vous
est dans la mesure de vos libéralités. Bénissez l'Empereur! que votre sagesse l'assiste dans ses conseils, dans ses projets et
dans ses entreprises au milieu de la grande

influence qu'il exerce sur les destinées du monde. Ah ! s'il pouvait les régler seul ! Bénissez l'Empereur. Que votre esprit le conduise, que votre protection le couvre, que votre force le soutienne et qu'il soit un de ces Princes qui inscrivent glorieusement leur nom dans les annales de la patrie du temps et de la Patrie de l'éternité, dans les annales de la France et dans les annales de l'Église !

Amen.

PARIS. — DE SOYE ET BOUCHET, IMPRIMEURS, 2, PLACE DU PANTHÉON.

TABLE

PREMIER DIMANCHE DE CARÊME

Les tentations, obstacle à la transfiguration de
l'homme, par Notre-Seigneur Jésus-Christ. .   9

DEUXIÈME DIMANCHE DE CARÊME

Nature de la transfiguration de l'homme par Notre-
Seigneur Jésus-Christ.   37

TROISIÈME DIMANCHE DE CARÊME

Bonheur de la transfiguration de l'homme par Notre-
Seigneur Jésus-Christ.   65

QUATRIÈME DIMANCHE DE CARÊME

Moyens de la transfiguration de l'homme par Notre-
Seigneur Jésus-Christ..   99

DIMANCHE DE LA PASSION

Beauté de la transfiguration de l'homme par Notre-
Seigneur Jésus-Christ.   135

DIMANCHE DES RAMEAUX

Royauté et empire de Notre-Seigneur Jésus-Christ,
qui transfigure l'homme.   173

VENDREDI SAINT

Souffrances de Notre-Seigneur Jésus-Christ pour la
transfiguration de l'homme   213

LUNDI DE PAQUES

Exhortations de Notre Seigneur à ceux qui sont
transfigurés et à ceux qui ne le sont pas. .   265

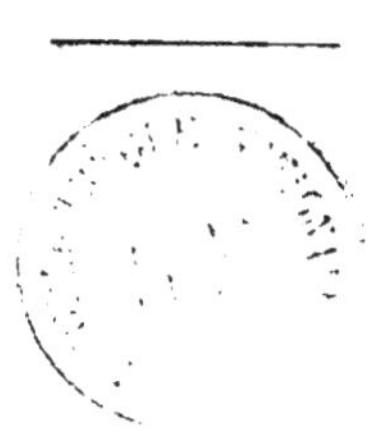